★ こんなと

レクリエー

リハビリ体操 ネタ帳

監修：堀 清記・堀 和子
協力：介護老人保健施設あおぞら
通所・訪問リハビリテーション部
編著：前田万亀子

はじめに

平均寿命が伸びていますが、高齢者がいきいきと生活できる健康寿命が、本人にとっても社会にとっても大事なことです。

リハビリテーション（以下：リハビリ）とは、体の機能回復を最大限に図り、自立して生活できる能力を取り戻すことです。日常生活動作（ADL：食事・移動・トイレ・入浴　など）の改善や維持、仕事や家事、趣味などの生活習慣、価値観や認知・精神機能など、広い意味での生活が対象となります。

特に高齢者のリハビリでは、その特性の理解と加齢による疾患障害の対応が大切で、できるだけ残存機能を引き出し、自立した生活が営めるようにすることを目標とします。また、心身の障害に悩むことなく、生きがいのある生活が送れるようにするために、どのように疾患や障害の発症を予防していくかも大きな課題です。

要介護状態になった主な原因として、脳血管疾患や加齢による衰え、転倒・骨折、認知症などが上位を占めています。これらを予防することが、要介護になるのを予防することになります。

高齢者の機能回復の手助けや自立した生活を支援する際に、本書を携帯して役立てていただければ幸いです。

本書の特長・使い方

特長その1　「症状」「疾患」から どうリハすればいいかわかる！

●それぞれの症状に応じたリハビリ20項目（症状対応リハビリ20=Ⅰ）について、イラストを多用してわかりやすく解説。関連のある「リハビリ体操」（Ⅱ）がわかります！　また「疾患対応リハビリ」（=Ⅲ）も、双方向で情報が得られるようになっています。検索性にも配慮しています。

例えば

リハビリ体操⇨ P67 P72 ⇔P8 寝返り 参照

特長その2　「レクリエーションネタ帳」としても

●レクリエーションにも生かせる「リハビリ体操」（Ⅱ）をイラストで紹介。筋力アップから腰痛対策まで、ホームやデイサービス、在宅で、個別あるいは集団で気軽に行なえる体操を集めました。

●**上記「特長その1」の逆の双方向になっています。**

例えば

P8 寝返り 参照⇔ リハビリ体操⇨ P67 P72

特長その3　いろんなところに「介護職に役立つ知識」

●介護リハに実践的に役立つさまざまな情報を満載。従来の「リハビリ体操」の本にはない、リハビリについての専門性を充実させました。

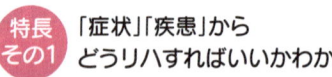

もくじ

Ⅱ.やってみよう!リハビリ体操20

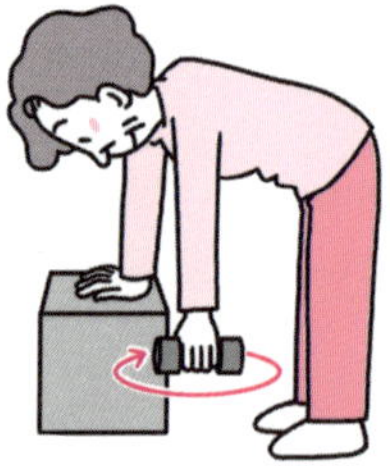

Ⅲ.知っておくと安心！疾患対応リハビリ

Ⅳ.介護リハに役立つ！高齢者リハビリの基本

介護リハの役割と留意点

日常生活でのリハビリを心がけましょう

介護と同様に専門家の訓練だけに頼るだけでなく、日常生活の介護の中からできることを始めてみることが大切です。

無理をさせないようにしましょう

リハビリだからと高齢者に無理をさせすぎてはいけません。高齢者の心身の状態を配慮しながら行ないます。能力以上の無理をさせてしまうと、かえって悪化させてしまうこともあります。

介護や介助をやりすぎないようにしましょう

高齢者ができそうなことはリハビリの妨げになるため、介護スタッフが代わりに行なわないようにします。

意欲的に取り組んでもらいましょう

意欲を低下させないように具体的な目標を掲げ、高齢者の意欲をじょうずに引き出します。高齢者と介護スタッフが同じ目的意識を持つことが重要です。

環境を整えましょう

自立して在宅生活を送るために、例えば、ベッドに切り替える、手すりを取り付ける、段差をなくすなど、専門家と相談しながら環境づくりをします。介護保険を利用することもできます。

原則は…
- できないことの手助け・できることのじゃまをしない
- 安全に・無理をさせない・力任せにしない

手段は…
- 環境整備・福祉用具の活用・人的介護

I

こんなときはどうしたら？

症状対応リハビリ20

脳卒中や骨折、腰痛、パーキンソン病などで、麻痺や筋力低下などが後遺した場合、歩行や食事、着替え、入浴、トイレなどの日常生活動作（ADL）に支障を来たします。できない動作をくり返し行なうリハビリ（ADL訓練）を行なうことで、自立した生活が行なえるように支援します。

日常生活動作リハビリ

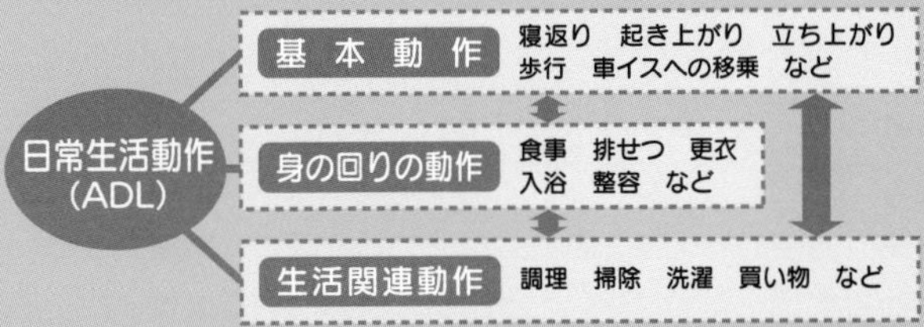

I ① 寝返りができない　症状と対策

どうしたら？

リハビリ体操⇨ P67 P72

寝返りはあたりまえの動きですが、複雑な筋活動（腹筋や脚力など）で、高齢者にとっては重要な動作です。筋力をつけておくことが大切です。

寝返りの役割

血行不良を防ぐ・体温調節・水分の発散調節・体の一部分への圧迫負担を防ぐ　など

寝返りの3つの要素を使う介助

被介助者がひざ・手・頭の3つの動作を、自分でできる限りやってみることがリハビリにつながります。介助にもあまり力がかかりません。

両ひざを立てる
両手を上げる

❶介助者は、肩とひざの間にひざ立ちし、被介助者の立てたひざ頭の外側にひと差し指を添える。

頭と肩を上げる

❷ひと差し指でひざ頭を軽く手前に引く。

 →P90·91 脳卒中 参照

片（左）麻痺の場合の介助

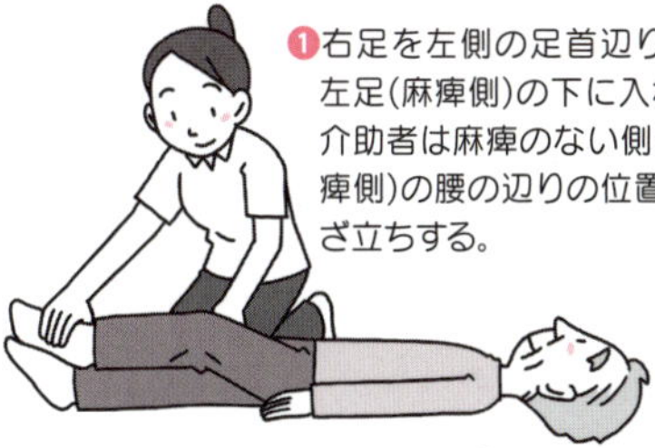

❶右足を左側の足首辺りから左足（麻痺側）の下に入れる。介助者は麻痺のない側（非麻痺側）の腰の辺りの位置にひざ立ちする。

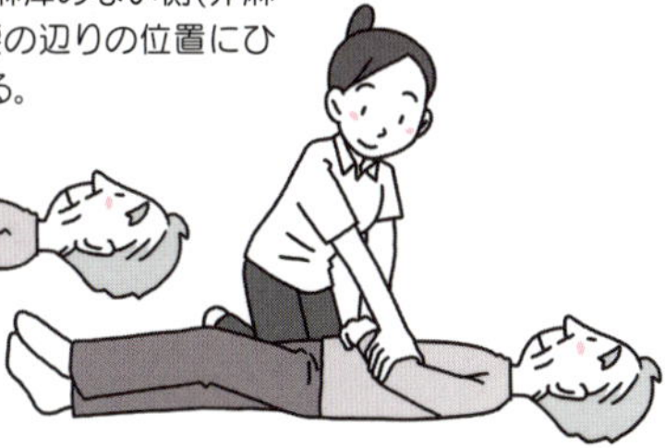

❷足首に乗せた足と同じ左側の手をおなかの上に乗せる。

❸脚と肩を上げてもらい、ゆっくり肩と腰を手前に引く。

対応の改善ポイント

できることを把握する

「関節を曲げにくい」「麻痺がある」などの状態でも、頭を少しだけなら上げることができる、片方のひざなら曲げられるなど、できることを把握することで、介助を軽減できる場合があります。

筋力をつける

寝返りは腰の筋肉や全身の筋肉が協調しなければできない動作のため、筋力が落ちてくると寝返りが打てなくなります。特に腹筋を鍛えることが大切です。

リハビリ体操⇨ P67 P72

① 寝返りができない P8・9の続き

体位変換

リハビリ体操⇨ P67 P72

自分で動けない人には、一定間隔で体位変換の介助が必要となります。

目的は？

自分で寝返りができないまま臥床を強いられる人にとっては、褥瘡(床ずれ)の発生予防につながります。少なくとも2時間に1回の体位変換を行なうことが望ましいでしょう。

- 褥瘡の予防・関節拘縮や変形の予防・循環の改善・排痰の促進・気分転換

あおむけから横向きにする介助の方法

手前側になってもらうことを説明し、枕を引いて横を向く側に顔を向けます。
両腕をしっかり組んでもらい、介助者の右ひじを被介助者のひざに当て右手で肩と殿部を支え骨盤を回転させて肩を起こします。

ポイント

- 腰をかがめすぎない
- ひねらない・楽な体重移動

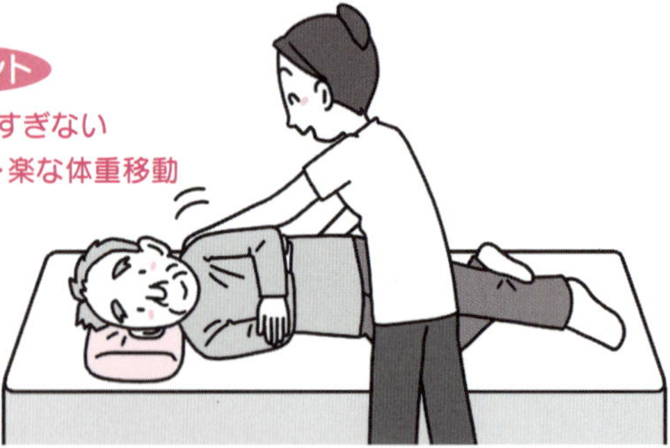

寝返りと褥瘡

寝返りをしないと体の同じ部分に常に体重がかかり、血行不良が原因で褥瘡を起こします（ひどい場合は感染症や敗血症を起こします）。寝たきりの人にはこまめに体位変換を行ないます。

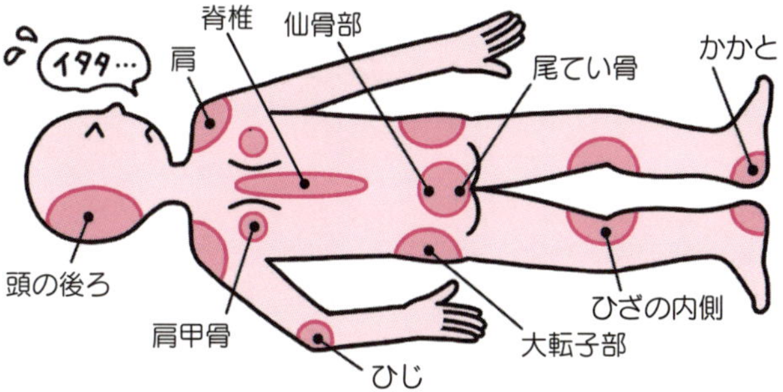

褥瘡の予防とケア

- 体圧分散ケア…エアマット、クッションなどで体の表面に加わる圧力を分散させて、体の一部分に集中して加わる圧力をできるだけ小さくする。
- スキンケア…皮膚を清潔にして、乾燥しすぎないように保湿する。
- 栄養管理…栄養不足は褥瘡になりやすく治りにくい。適切に栄養管理を行なう。
- リハビリテーション…関節を動かし、安定した体位(姿勢)を保つようにする。

リハビリ体操⇨ P67 P72

Ⅰ ②起き上がれない　症状と対策

どうしたら？

リハビリ体操⇨ P72 P78

自力で起き上がれることは大切なことです。座る姿勢（座位）に向かうこの動作では、腕や腹筋の強い力が必要になります。寝たきりを防ぐためにも、リハビリはもっとも有効な方法です。

自立した起き上がり

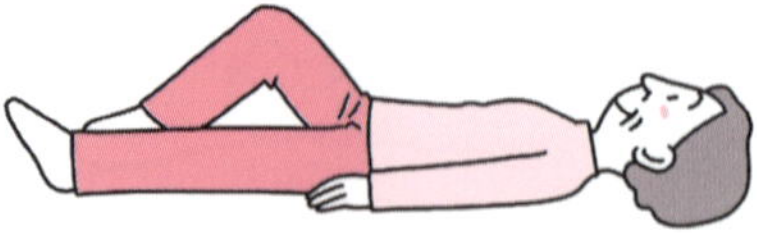

①ひざを立てる。
起きようとする側の反対の脚が立ち始める。

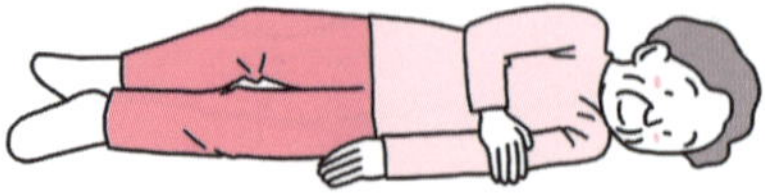

②横を向く。
立てた脚が内側に倒れ、体がねじれてそのまま横に。

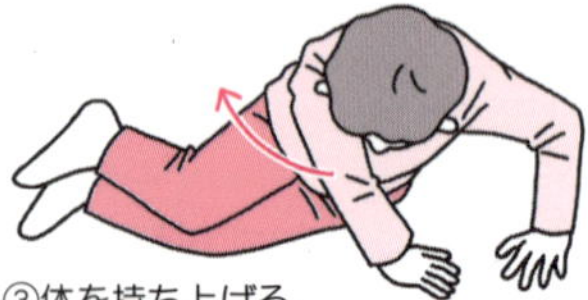

③体を持ち上げる。
「く」の字に両脚を曲げ、両手で体を支えて起こす。

④上体を起こして起き上がる。
両手を体に近づけながら起こすと、曲げていた脚が伸びる。

対応の改善ポイント

起きることはそれだけで心身機能の活性化につながります。何よりも生活意欲を引き出すための方法でもあります。基本はすべて日常動作です。寝たきりで起きられないように見えても、手を貸すとほとんどの人は起きることができます。

少ない負担で楽に起き上がるために

しぜんな動作に合わせて介助する。

あおむけに寝ている状態から直角（腹筋運動）に上半身を起こす方法は、腹筋等の力が必要になり、高齢者には不向きといえます。大切なのは日常的なしぜんな動作を取り入れることです。

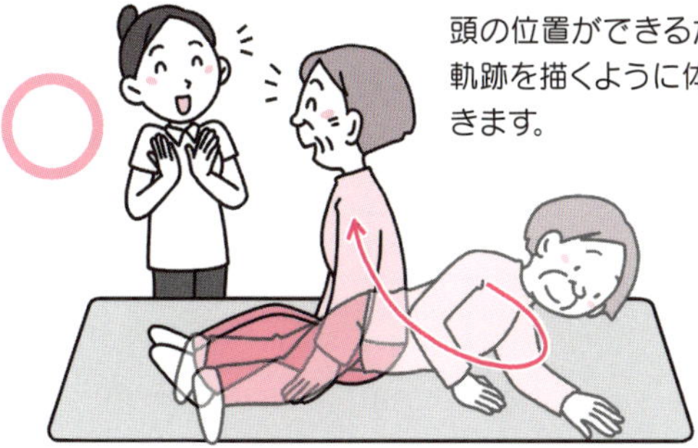

頭の位置ができるだけ、遠回りに軌跡を描くように体を誘導していきます。

リハビリ体操⇨ P72 P78

リハビリ体操⇨ P72 P78

起き上がり介助（片麻痺の場合）

●起き上がり動作の前に

十分に安定した横向きの姿勢を取り、わきを開き、手のひらがベッドの端から出ないように十分なスペースを確保します。

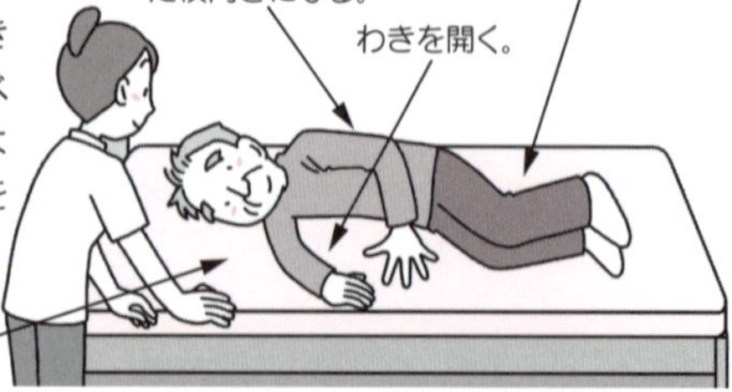
しっかりと安定した横向きになる。
両ひざは軽く曲げる。
わきを開く。
十分なスペースを確保する。

①側臥位にし、左手は首から肩を入れ、右手はひざ裏に入れて肩とひざを支える。

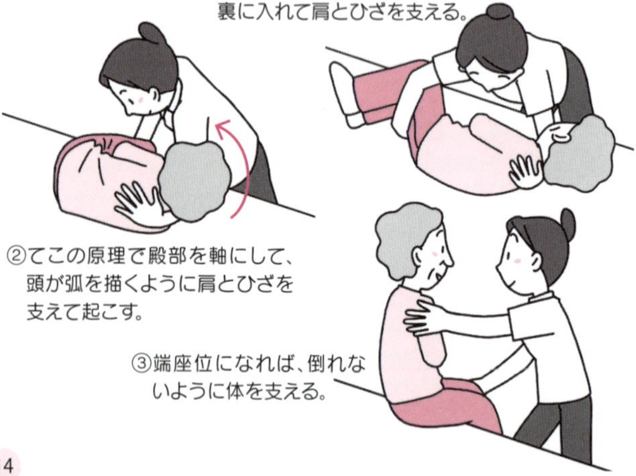

②てこの原理で殿部を軸にして、頭が弧を描くように肩とひざを支えて起こす。

③端座位になれば、倒れないように体を支える。

こんな介助はダメ！

正面から両手で引き起こすようなことをすると負担がかかる。

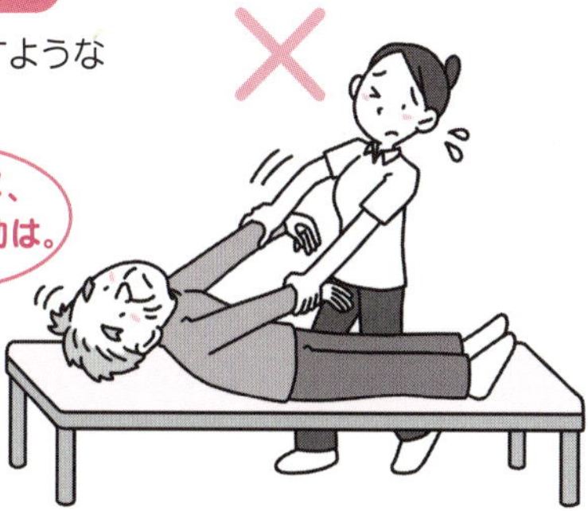

腕の力が不足している場合は

つかまる何か（補助具）があれば、スムーズに片ひじ立ちできます。
握るときは下手でにぎると、上腕二頭筋に力を入れやすいです。

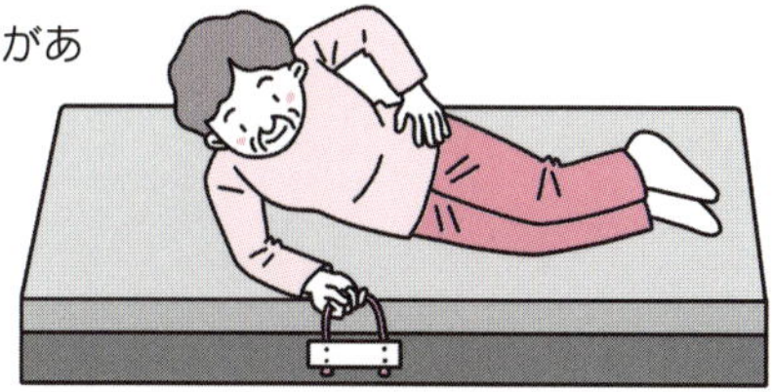

介助者のボディメカニズム

ボディメカニズムとは、力学的原理を活用した介護技術のことです。無理のないしぜんな姿勢で介護することをいい、最小の労力で疲労が少なく、腰痛防止にもつながります。

支持基底面を広くして重心を低く。

支持基底面（体を支えるために床と接している部分を結んだ範囲）は広いほど安定します。また、重心は低いほど安定します。

リハビリ体操⇨ P72 P78

I ③座れない　症状と対策

どうしたら？

リハビリ体操⇨ P69 P71

腰掛け座位は、立ち上がり動作、車イスへの移乗、食事姿勢など、生活の広がる動作に結び付く大切な姿勢です。寝かせきりにさせないためにも、適切で効率的な座位の指導とリハビリは欠かせません。

安定した座位姿勢

安定して座るためには、支持基底面を広くして（手をついたり、道具を使ったりしてもよい）、その中心付近に圧中心点がくるように配慮します。

安定して座るためには…

①安定した支持面　②圧の分散　③体幹を前傾させる能力
④姿勢の変化　⑤背部のサポート　⑥足部の自由度

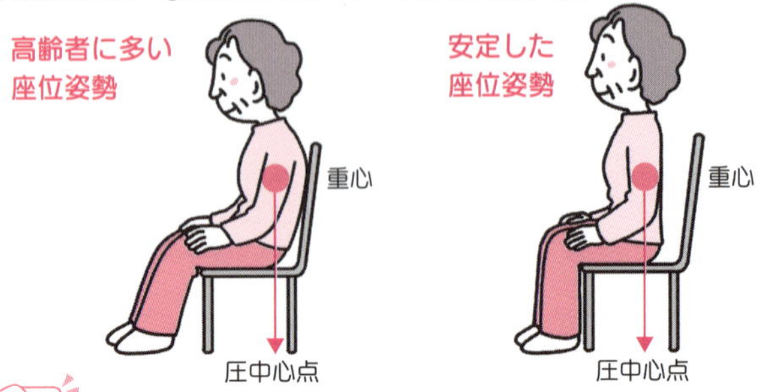

対応の改善ポイント

座りたいという意欲を目的に持って座るようにすると生活にめりはりができます。状態に合わせて座っている時間を長くすることで体力もついてきます。また、座らせるのではなく、自主的に座りたいという意欲を持ってもらうようにします。

座位保持とシーティング

姿勢の改善に伴って長時間の座位保持が可能になっていきます。座位保持が困難な場合、円背を助長し、股関節やひざ、呼吸機能に悪影響があります。適切な座位が取れるようイスや車イスに対する工夫が必要になり、シーティング（seating）と呼ばれています。

おしりの形状が異なることを意識して座面やクッションを工夫する。

クッションの原理

褥瘡のリスクなどを避けるためは、座面の圧力を減らすことが大切です。

座位保持と褥瘡予防の目的で材質や厚さの異なったクッションがあります。

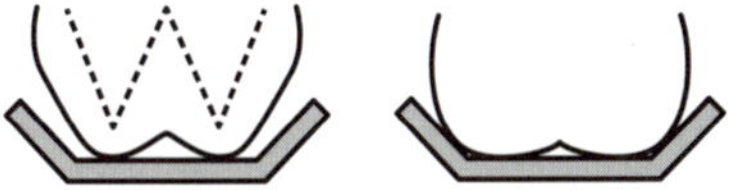

高齢者の萎縮したおしり　　健常者

車イスのすべり落ちの原因をチェック

- 介助時に奥まで座っていない
- 座奥が広すぎる
- クッションが合っていない
- 背がシート状
- 腹筋が弱い
- 痛みがあってそれを避けようとする　など

座り直し動作

よい姿勢で座っていても、長時間続けることは困難です。適当に座り直す動作が必要です。

●おしりを左右に振って座り直す。　●おしりを一度浮かして座り直す。

ひじ掛けや座面に手をついておしりを引くときに前方に押すとしやすいでしょう。できないところは介助します。

リハビリ体操⇨ P69 P71

I

④ 立ち上がれない　症状と対策

どうしたら？

リハビリ体操⇨ P79 P84

立ち上がり動作は体の重心を高くするために筋力やバランス感覚が必要です。どうして立ち上がれないかの原因を把握して改善します。

立ち上がりの介助

最初は相手がどのくらいの介助を必要としているのかを見極めます。急に強い力で介助せずに相手の動きを誘導するようにしましょう。

前かがみ → おしり浮かし → ひざ伸ばし

❶前かがみで体重移動して、次に上方に意識を持ってもらい誘導する。

❷おしりを浮かして、腕を背中に回しもらい、抱き上げる。

❸しっかりと立ち上がってもらう。

介助のときの注意

- **体をねじらない。**
- **てこの原理を応用する。**
  持ち上げるのではなく、シーソーのように支点を作って自分の体重をかける。
- **ひざの屈伸を利用して水平に移動する。**
- **被介助者の体を小さくまとめる。**
  力が分散すると重くなるため、体をできる限り小さくまとめる。

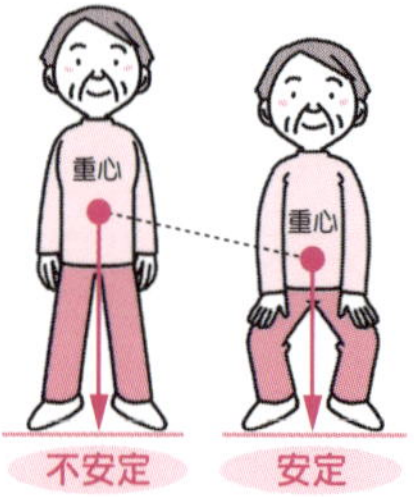

台を使った立ち上がり

❶長座位の状態で体の両側に手をつく。

❷体の横に両手をついて体をねじる。

❸おしりを上げて四つばいになる。

❹片ひざを立て、両手を台の上に乗せる。

❺反対の手も同じように台に乗せ、両手で体を支える。

❻台から手を離して立ち上がる。

リハビリ体操⇨ P79 P84

⑤ 立てない

どうしたら？

リハビリ体操⇨ P78 P84

筋力やバランス能力が低下すると立位姿勢を保つことが難しくなって転倒しやすくなります。抗重力筋（重力と戦う筋肉）の機能を向上させることが大切です。

立位姿勢

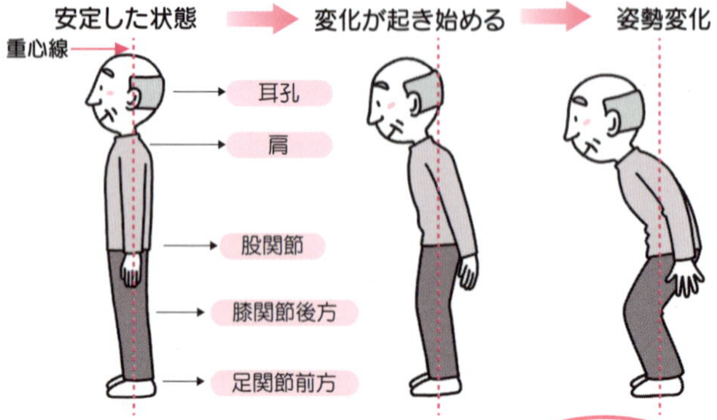

立位では重心の位置が骨盤の位置にあり、重心線は耳孔（耳の穴）、肩、股関節、膝関節後方、足関節前方を通って足部（支持基底面）に落ちます。

立位姿勢

排せつ前後のズボンの上げ下ろしや入浴時の殿部の洗体など、いろいろな場面で安定した立位姿勢が必要になります。声かけをして背筋とひざを伸ばしてもらうようにしましょう。

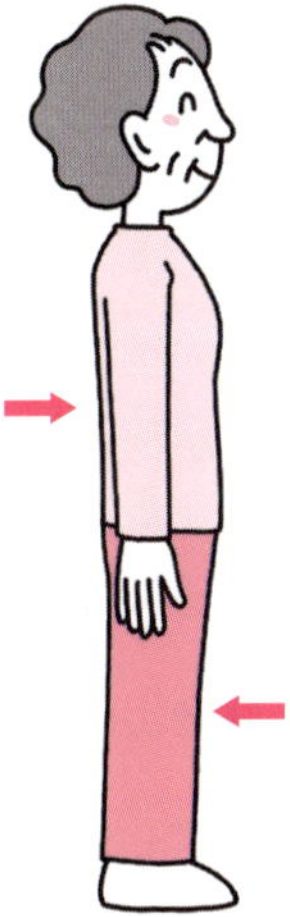

良い姿勢の例

姿勢のチェック

- 首を上げているか。
- 肩や腰の高さがそろっているか。
- 首や頭がどちらかに傾いていないか。
- 背筋や股関節が伸びているか。
- ひざのお皿は前を向いているか。
- 首や頭がどちらかに傾いてはいないか。

悪い立位の悪影響

- リンパの流れが滞る。
- 脊椎に負担をかける。
- 背骨にもゆがみが生じる。
- 足の痺れ　など

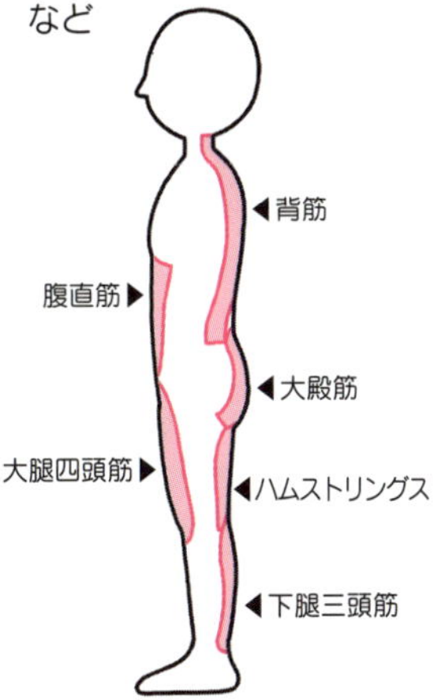

対応の改善ポイント

抗重力筋を鍛える

背筋（背中の筋肉）、大殿筋（おしりの筋肉）、ハムストリングス（ももの後ろの筋肉）、下腿三頭筋（ふくらはぎの筋肉）などの筋肉のことで、これらの筋肉が脳や脊髄の指令を受けて重心を支持基底面内に収めています。

リハビリ体操⇨ P78 P84

I ⑥ 車イスに乗れない 症状と対策

どうしたら？

リハビリ体操➪ P78 P79

車イスへの移乗時には、正しい知識と技術、ボディメカニクス（人間の正常な運動機能）を活用して行なうように心がけましょう。最小の労力で疲労の少ない介助ができます。

移乗の介助例

移乗動作は、①立ち上がる、②方向転換、③座る、の3つの動作に分けて進めていくことがポイントです。

❶端座位の被介助者の殿部をずらしながら前に移動し、床に両足が着くよう浅く腰掛けてもらう。

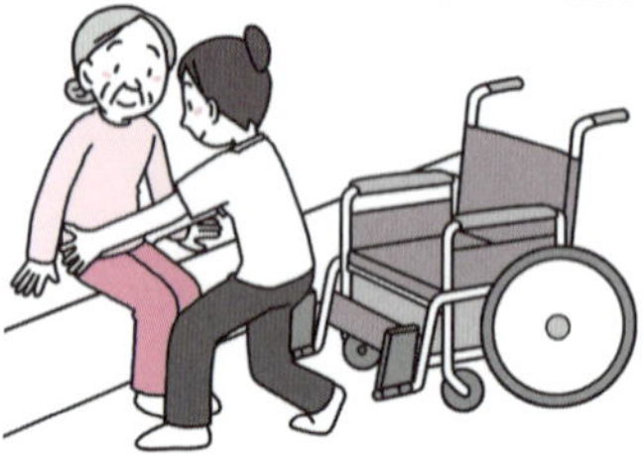

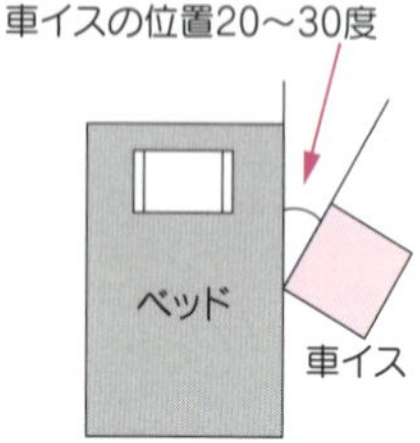

※車イスのブレーキが掛かっているかフットレストを上げているか必ず確認する。

❷肩につかまってもらい、前かがみになりながら立ち上がってもらう。両腕を被介助者の背中に回し、アームレストをつかんで立ち上がってもらう。
車イスはベッドの側面に対して20度～30度に設置する。

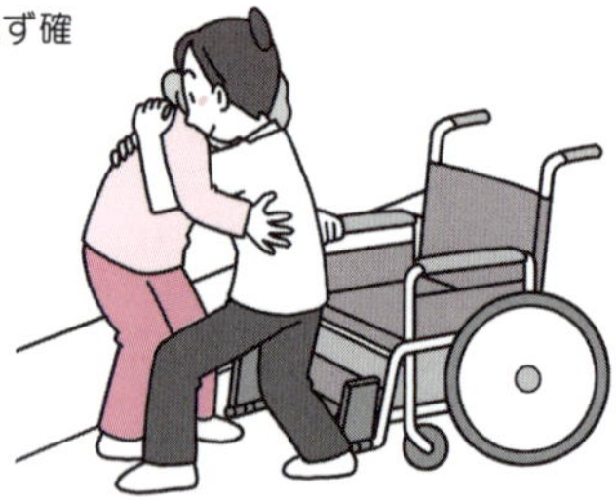

❸バランスを崩さないよう支えながら、ゆっくり方向転換をする。

❹足を少しずつ動かしてもらい、無理のない姿勢で方向転換をする。

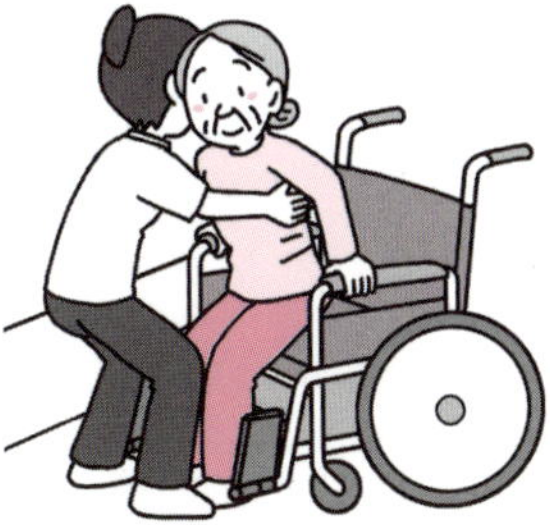

❺被介助者に車イスのアームレストをつかんでもらい、前かがみになりながら車イスに座る。

❻フットレストを下げて足を置き、おしりを後ろにずらして深く座ってもらう。

対応の改善ポイント

移乗動作は被介助者との共同作業です。被介助者の転倒や介助者の腰痛などが起こる可能性が高いため安全に移乗介助するためには、常に声かけしながら行ないましょう。

リハビリ体操⇨ P78 P79

I ⑦ 歩けない　症状と対策

どうしたら？

リハビリ体操⇨ P78 P84

歩行能力は移動の手段以上に大きな意味を持ち、自立した生活に欠かせません。転倒や骨折、寝たきりや閉じこもりの防止のためにも、下肢・上肢のリハビリが大切です。

高齢者の歩行の特徴

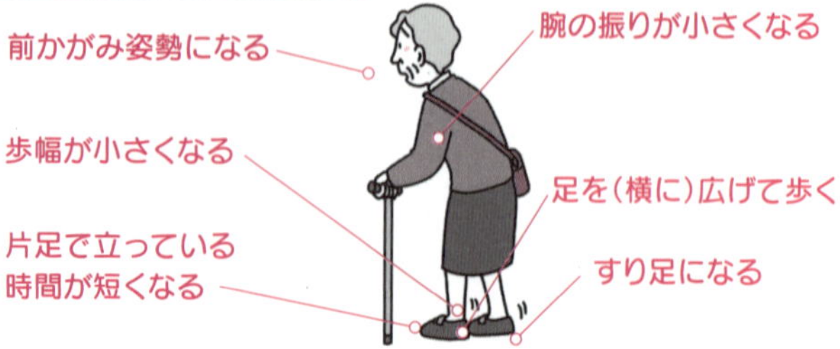

正しい歩き方

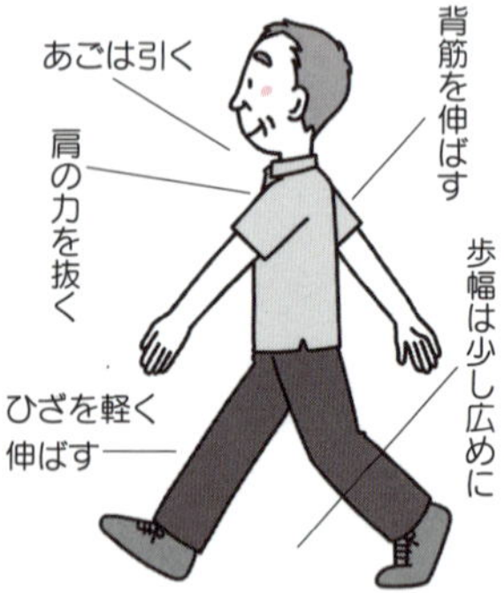

歩行の効果

- 日常生活の活動ができる。
- 足腰がじょうぶになる。
- 血液の循環がよくなる。
- 呼吸数が増えて換気量が増す。
- 調整力やバランス能力が維持できる。
- 転倒を予防する。
- 骨量を維持して骨折を予防する。
- 肥満を防止する。
- ストレスが解消できる。

歩行介助

どんどん褒めましょう。本人に「がんばろう」という意欲が出てきます。

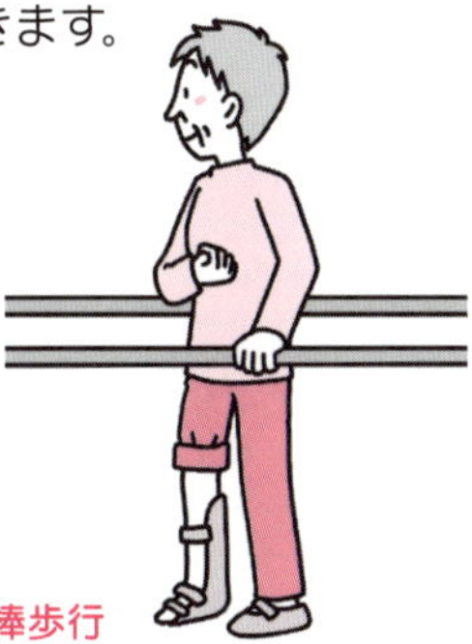

●平行棒歩行

平行棒がもっとも安定して歩行できるため、病院や施設では平行棒で歩く練習から始める。

●向かい合わせ歩行

向き合って誘導すると、背筋が伸びて足も上がりやすくなる。

●手すり歩行

手すりで体を支えながら歩くよう促す。介助者は斜め後ろから支える。

●杖歩行

声かけをしながら杖と反対側から付き添う。

リハビリ体操⇨ P78 P84

I ⑦ 歩けない P24・25の続き

杖を使って歩く

リハビリ体操⇨ P78 P84

❶杖を前外側につく。
❷患側の脚を先に前に出す。
❸健側をあとから出して両脚をそろえる。

杖の正しい持ち方

○正しい持ち方　×誤った持ち方

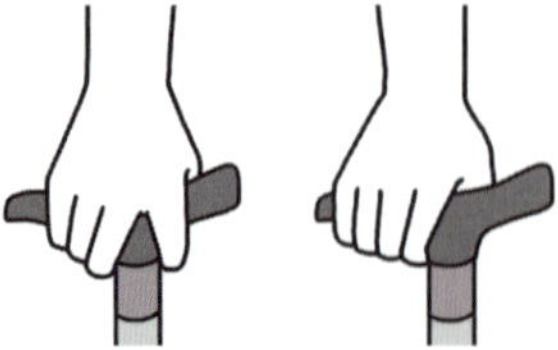

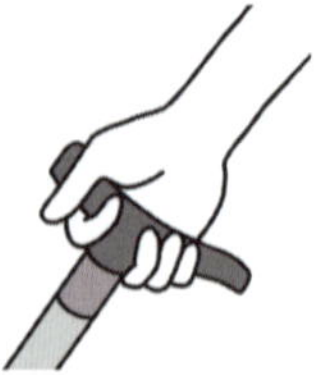

足に痛みや障害がある側と逆の手で持つ。
ひと差し指と中指でまたぐように握る。

杖を使って歩く方法

痛くない脚の側の手に杖を持ち、一歩分先に杖をつく。

痛みがある脚を一歩前に出す。

痛みのないほうの脚を後から出し、両脚をそろえる。

歩くための筋肉

歩くとき下肢を振り上げるために働く	大腿四頭筋、腸腰筋、前脛骨筋
振り上げた下肢を前方に移動させる	大殿筋、中殿筋、腓腹筋、ヒラメ筋
腕を振り続け	大胸筋、上腕二頭筋、上腕三頭筋、三角筋

歩行補助具

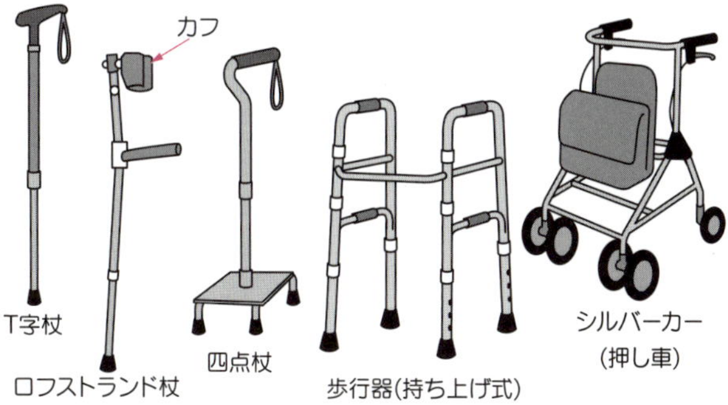

対応の改善ポイント

転倒予防

転倒（大腿骨頸部骨折や脊椎圧迫骨折などにつながる）は寝たきりや認知症につながることもあります。一度転ぶと不安や自信をなくしたりしがちなので、転倒予防は大切です。

リハビリ体操⇨ P78 P84

I ⑧ 階段がのぼれない 症状と対策

どうしたら？

リハビリ体操⇨ P74 P84

階段の上り下りは、足を高く上げなければならなかったり、踏ん張る力が必要だったりします。段差のない所を歩くより転倒の危険性が高くなるため、太ももの前側の筋肉である大腿四頭筋を鍛えることも大切です。（P124参照）

階段の上り方

❶しっかりと立ち、片足（健側）を1段目へ上げてもらう。麻痺がある場合は健側が手すりのほうになるように立つ。

❷もう片方の足を2段目へ上げ、足をそろえる。

対応の改善ポイント

2足1段の昇降

どちらかの足に「麻痺がある」「痛みがある」「曲げ伸ばしがしにくい」など不安がある場合は、両足をそろえて（2足1段）上り降ります。この繰り返しを慣れるまではゆっくりと行ないます。

階段の下り方

❶足元を確認してしっかりと立ち、片足を1段下に下ろす。麻痺がある場合は健側が手すりのほうになるように立ち、患側の足から下ろす。

❷もう片方の足を下ろす。

階段の上りの介助例

- **患側の脇下から肩と腕の重みを支える。**
- **後方から骨盤を支え、左右への重心移動を介助する。**

対応の改善ポイント

安全安心な階段

- 手すりを取り付ける。
- 明るくしておく。
- 段の境目がわかりやすいようにしておく。　など

I ⑨ 自分で食べられない 症状と対策

どうしたら？

リハビリ体操⇨ P80 P81

加齢によって歯の数が少なくなり、口やのどの筋力が弱くなります。食事をスムーズにするための訓練を初め、食事の形態や食べ方、介助の方法、摂食·嚥下障害の予防が大切です。

口腔ケアのメリット

- 口腔疾患を改善する。
- 肺炎の予防となる。
- 脳を刺激して活性化につながる。
- 刺激によって覚醒時間が増える。
- QOLの向上になる。
- コミュニケーションが円滑にいく。

食事の姿勢と座り方

食物が一番のどを通りやすい姿勢です。
深く腰を掛ける。
90°
それぞれ（ベッドの上、車イス、イス）に合ったセッティングをしっかりする。

背筋を伸ばして少し前かがみになる。

背は90度。足は床にぴったりつける。（※足が浮く場合は台を置く）

体とテーブルの間に握りこぶしひとつぐらいのすき間をつくる。

イスの座面の高さはひざが90度に曲がるくらいに。テーブルの高さは腕を乗せてひじが90度に曲がるくらいに。

介助が必要な人は

- 手でスプーンや箸をうまく使えない。
- 一度に多くの量を口に入れたり、急いで食べたりする傾向がある。（認知症　など）
- 自分で食べると疲れて十分な量が食べられない。
- 食べるのに集中できず時間がかかりすぎてしまう。
- 途中で姿勢が崩れてくる。　など

じょうずな食事介助

介助で食事をする際もできるところは本人に、できないところを手伝うというのが基本です。

- こぼれても衣類が汚れないように食事用エプロンを使う。
- 口唇を湿らすなどして意識を食事に向けさせる。
- 食べ物がわかるように見せながら口に運ぶ。
- 適切な量を少しずつ口に入れる。飲み込まないうちに次々と口に入れない。のど仏の動きで飲み込んだかどうかを確かめる。
- むせたら、治まるまで休む。

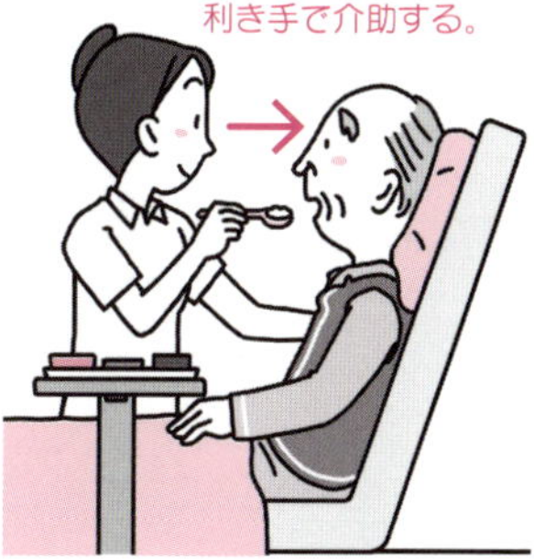

自助具

麻痺や拘縮がある人に、自分で食べるための食器や道具（自助具）があります。スプーンやフォーク、はし、皿鉢などは、食べ物の形態や腕の動きに合わせて選びます。（P118参照）

リハビリ体操⇨ P80 P81

I ⑩ 飲み込みにくい　症状と対策

どうしたら？

リハビリ体操⇨ P80 P81

誤嚥は唾液や食物、胃液などが誤って気管に入ってしまうことをいい、肺炎を引き起こすきっかけとなりがちです。口腔の清潔、むせないようにする、胃液逆流の防止などが大切です。

口腔の観察チェック

- 歯と歯茎の間に食べかすが残っていないか？
- 口内炎、歯肉炎はないか？
- 上あごに痰や痂皮《かひ》がついていないか？
- 虫歯はないか、歯がぐらついていないか？
- 舌の汚れ（舌苔）はついていないか？
- 義歯はどうか？

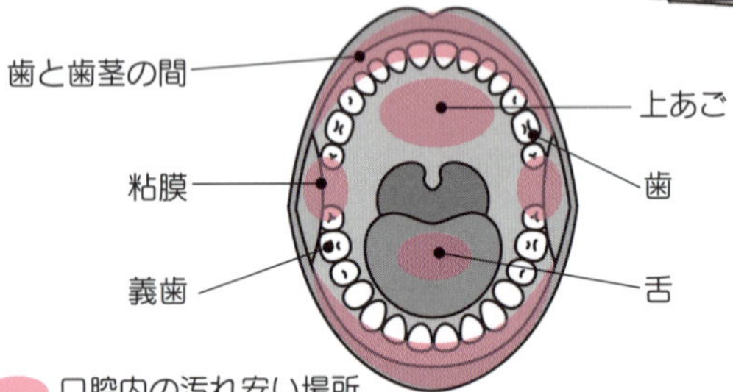

口腔内の汚れ安い場所

粘膜ケアは、内頬→歯→歯茎の間→舌→上あごの順に

- 粘膜は奥から手前にふき取ってきれいにします。
- 義歯の場合は合っているか確認し、外してきれいにする。
- 虫歯や異常がある場合は医師や歯科医師に相談する。

摂食・嚥下障害とは

食物を認識する→口腔内へ取り込む→噛み砕く・すりつぶす→舌で飲み込みやすい形に整える→咽頭・食道へと送り込む→喉頭蓋が反射的に喉頭の入り口に蓋をする→食道から胃へ送る。
高齢者は喉頭蓋の反射が鈍くなり、食物が気管に入って食事中にむせる頻度が高くなります。

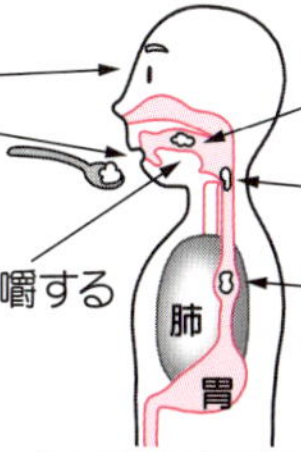

P123参照

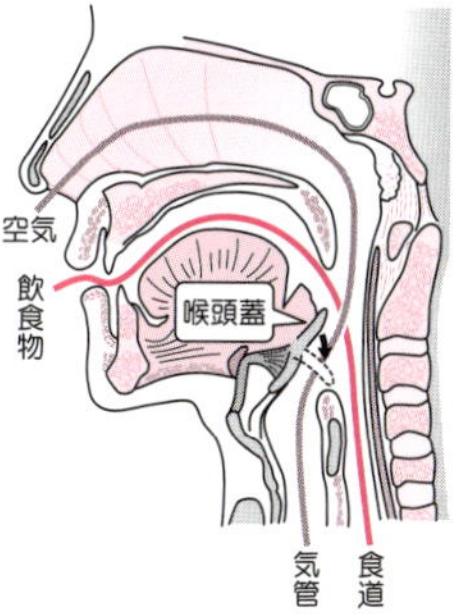

摂食障害のリハビリ

❶**口腔ケア**
歯や口の中や義歯を清掃する。
❷**噛み合わせの回復**
義歯などで噛めるようにする。
❸**嚥下訓練**
首の屈伸や舌の運動、咽頭のアイスマッサージなどをする。

誤嚥性肺炎に注意

唾液や食べ物といっしょに口腔内の細菌が誤って気管に入ること（誤嚥）で起こります。体調不良のときは唾液などの少量の誤嚥でも、肺炎を発症してしまいます。予防のために、水分・食事の形態を配慮し、口腔内をきれいにするように工夫します。嚥下障害のある人は、むせた後にチアノーゼ・発熱・呼吸が苦しそう・肺雑音・膿性痰・炎症反応などがあれば、非常に危険な状態です。

リハビリ体操⇨ P80 P81

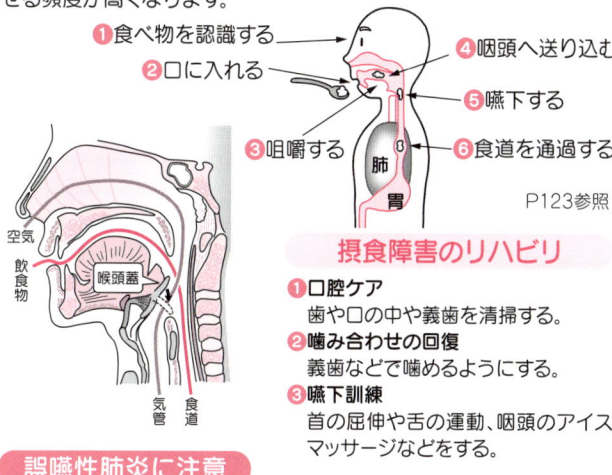

I ⑪ ひとりでトイレができない 症状と対策

どうしたら？

リハビリ体操⇨ P78 P82

自立に不可欠な生活動作のひとつが排せつです。見守ればだいじょうぶな場合や一部介助など自立度によって対応も異なってきます。できるだけトイレでの排せつを目ざしましょう。

トイレ介助（ポータブルの場合）

❶足を肩幅くらいに開いてもらい、手すりがあれば持って立ってもらう。

❷声かけをしながら向きを変え、便座に座るように促す。

❸中腰の姿勢を取ってもらって下着を下ろし、便座に座ってもらう。前かがみになると、腹圧がかかり排せつしやすくなる。終われば、立ってもらって下着を履いてもらう。

トイレの自立（車イスの場合）

❶手すりを持って立ち上がり、手すりに体を向けながら体を回転・移動させるようにする。

❷ズボンを下ろしてゆっくりと腰掛け、ズボンと下着をひざの辺りまで下ろす。

❸立ち上がるときも手すりを持ち、ズボンと下着を身につける。

※立ちながらズボンを下ろす行為は危険を伴うため十分に注意しましょう。

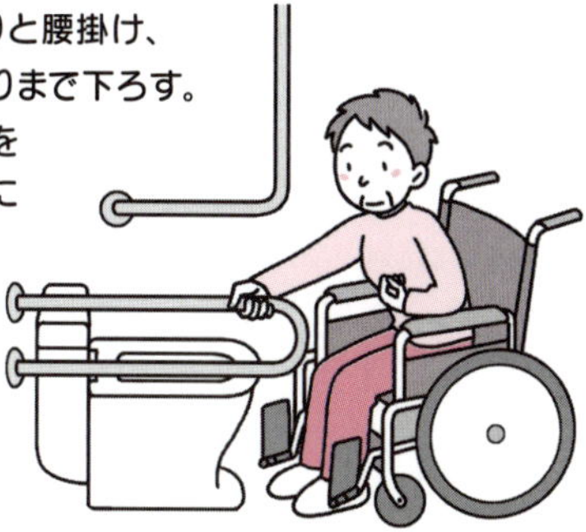

排せつ時の注意点

- 室内の換気・臭気に気を配る。
- 残存機能に合わせて介助する。
- プライバシーに配慮する。

◎排せつのたびに時刻をメモし、排せつのサイクルを把握すること、オムツに頼らず自力で排せつできるようにすることが大切です。

対応の改善ポイント

骨盤底筋トレーニング

膀胱や尿道の支えを強くするための筋肉を鍛える訓練は、咳やくしゃみで漏れてしまう失禁に対し有効です。・軽く準備体操をして全身をリラックスさせ、肛門や尿道・膣だけを約5秒間強く締め、ゆっくり緩める。（20回・1日3～4 セット）。寝た状態、座位、立位でやってもらいましょう。

リハビリ体操⇨ P78 P82

I ⑫お風呂に入れない　症状と対策

どうしたら？

リハビリ体操⇨ P78 P84

入浴前後の体調の観察を十分に行ない、障害に応じた安全な方法で介助します。入浴は体の清潔を保つだけでなく、血行をよくして精神的にも落ち着きを与えます。また、褥瘡や湿疹の有無、皮膚の状態をチェックできる機会になります。

入浴の介助例

入浴前には必ずバイタルチェックをし、入浴後は水分を補給します。

浴槽に入る

①おしりが洗い台に、両足が床に着いたら浴槽を手でつかんでもらう。動くほうの足を入れてもらい、後ろに倒れないように背中を手で支える。

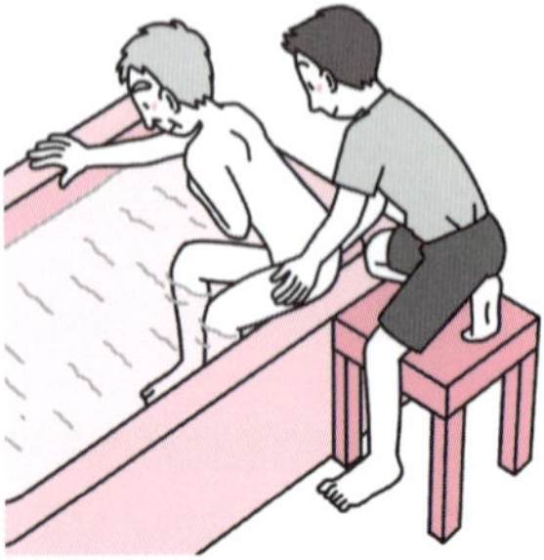

②おしりに手のひらを軽く当て、介助者は洗い台に片ひざをつき、両手で挟むように介助し、浴槽に入ってもらう。両足が浴槽の底に着いたら手の位置を替えてもらう。

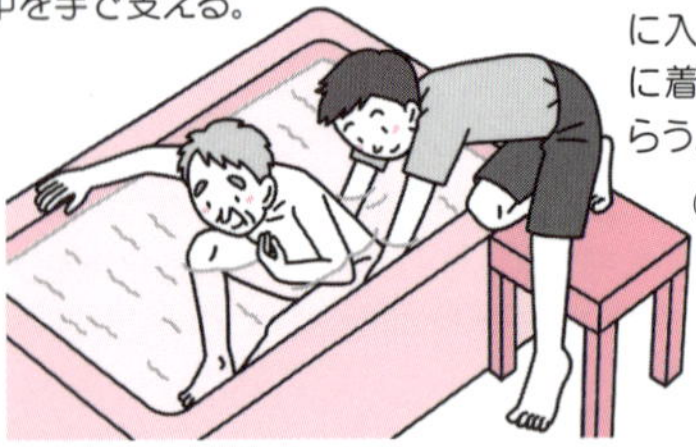

③前かがみになってもらい、浴槽にゆっくりおしりを入れる。前に押し出すように。浮力を利用してゆっくり沈ませる。

浴槽を出る

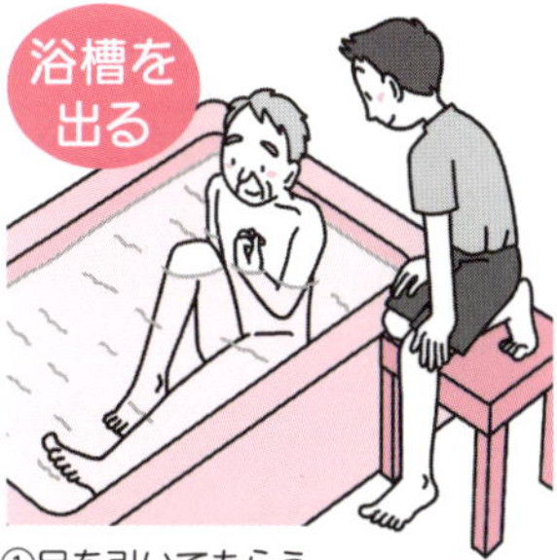

①足を引いてもらう。
介助者は洗い台に片ひざ立ちをする。

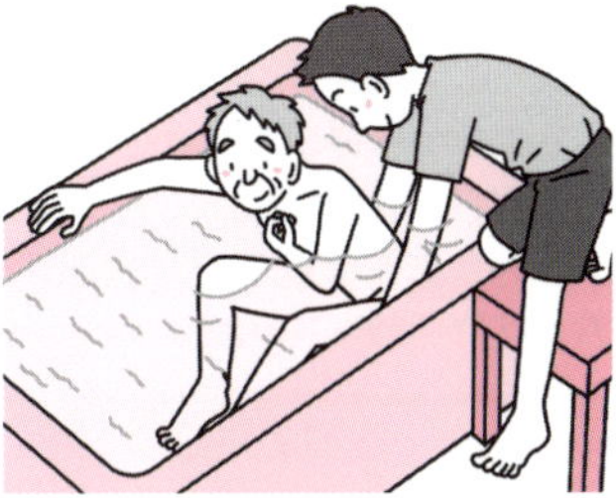

②浴槽のへりの前のほうをつかんでもらい、おしりを押し出す。
手と足の位置を確認し、おしりを前に押し出すように。

③おしりが浮いてくるのを利用して洗い台に誘導する。不安定なので、洗い台にしっかり座るまで手の位置は変えない。

※片麻痺がある場合はなるべく健側から出入りするようにしますが、状況に応じて安全な方法を考えましょう。

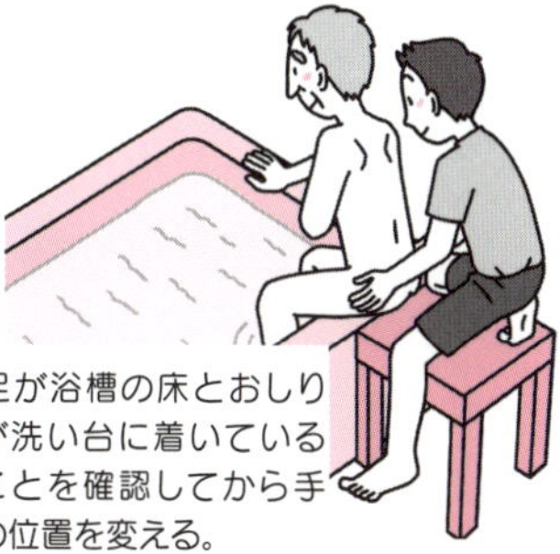

④足が浴槽の床とおしりが洗い台に着いていることを確認してから手の位置を変える。

対応の改善ポイント

浴槽内は滑りやすく、浮力で不安定になるため、浴槽内に背を着け安定座位が取れるようにします。疲労などの身体状態をよく観察するようにします。

リハビリ体操⇨ P78 P84

I ⑬ ひざが痛む　症状と対策

どうしたら？

リハビリ体操⇨ P79 P84

加齢に伴うひざ関節の変化、肥満による体重の負担などはひざの痛みを招きます。原因としては変形性膝関節症（P98）、慢性関節リウマチなどがあります。ひざの痛みを和らげるためには太ももの筋肉を鍛え、ひざ関節に負担をかけないようにすることです。

ひざ関節の機能障害

しゃがみ動作 ● 立ち上がり動作 ● 歩行 ● 階段昇降 などが困難になる

変形性膝関節症

初　期　　中　期　　末　期

初期では立ち上がり、歩き始めなど動作の開始時のみに痛み、休めば痛みが取れますが、正座や階段の昇降が困難となり（中期）、末期になると、安静時にも痛みが取れず、変形が目だち、ひざがピンと伸びず歩行が困難になります。

主な症状

滑膜に炎症が起きると関節液の分泌が増える。

●痛い

症状が進むと動作中に痛みを訴えるようになり、さらに進むと歩行などが困難になる。

●伸びない･曲がらない

初期は水がたまり（関節水腫）、進行すると関節面の変形や関節包の拘縮、筋力低下の原因になる。

●太くなる

関節内に炎症が起きると関節腔に関節液がたまる。

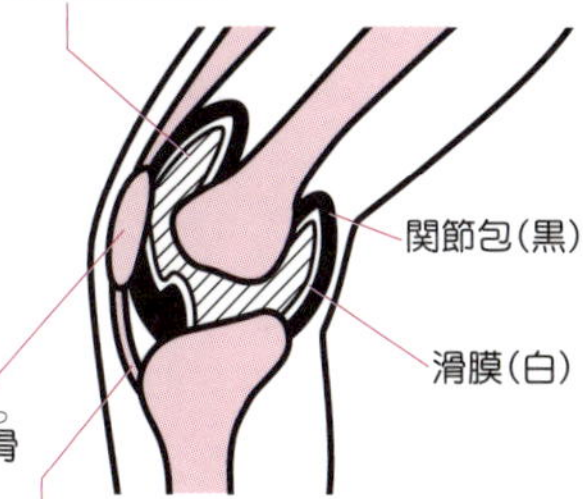

変形性膝関節症の進行度

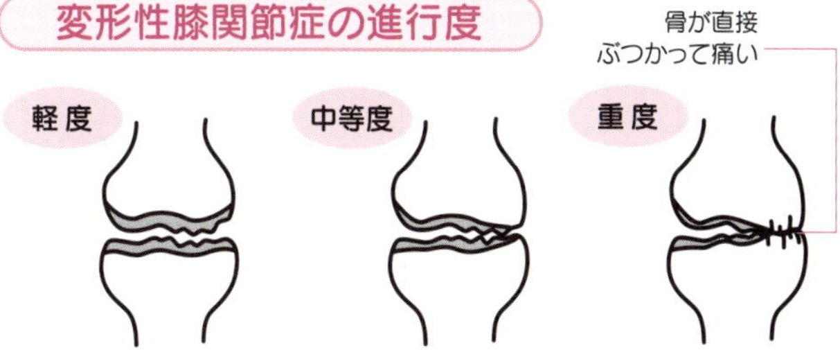

関節軟骨や半月板がすり減ったりする。

さらにすり減り、骨の一部がむき出しになる。

骨と骨が直接触れ、変形が進む。

リハビリ体操⇨ P79 P84

I

⑬ひざが痛む P38·39の続き

リハビリ体操⇨ P79 P84

注意することは

❶ふとももの前の筋肉（大腿四頭筋）を鍛える。（リハビリ体操P84）
❷正座をさける。
❸肥満であれば減量する。
❹ひざをクーラーなどで冷やさず、温めて血行を良くする。
❺洋式トイレを使用する

痛みを和らげるには

- 運動療法（筋肉トレーニング）
- 徒手療法（マッサージ）
- 薬物療法（痛みを抑える）
- 装具療法（ひざサポート）
- 温熱療法（ひざを温める）
- 手術療法

症状の軽い場合は痛み止めの内服薬や外用薬を使ったり、膝関節内にヒアルロン酸の注射などをしたりします。また大腿四頭筋強化訓練、関節可動域強化訓練などの運動器リハビリテーションを行なったり、ひざを温めたりする物理療法を行ないます。足底板や膝装具を利用したりすることもあります。

治らない場合は手術療法をします。

手術療法

①人工膝関節置換術
②高位脛骨骨切り術
（骨を切って変形を矯正する）
③関節鏡（内視鏡）手術

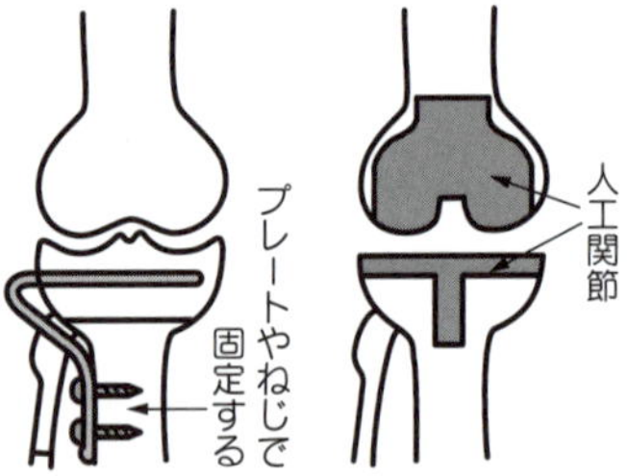

骨切り術　　人工関節置換術

太ももの筋肉を鍛える

ひざが痛いと、動いたり歩いたりしづらくなります。ひざの周囲の筋肉や軟骨、靭帯、骨が少しずつ萎縮して固くなり、痛みが強くなっていきます。こうした悪循環をなくすために太ももの筋肉を鍛えるとよいでしょう。

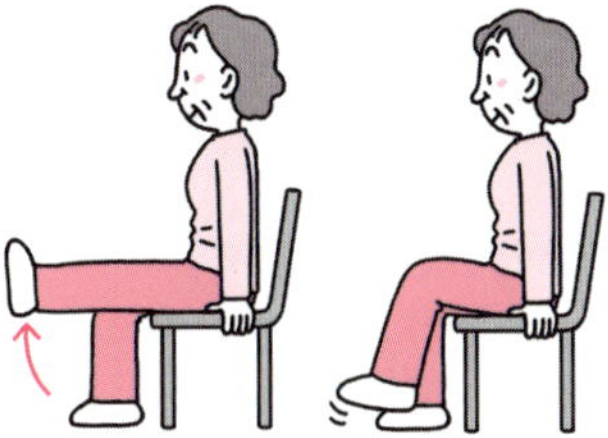

ひざのお皿の探し方

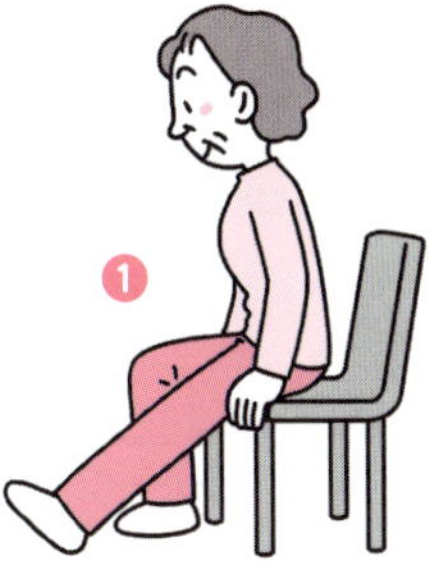

❶ イスに座って脚を伸ばす。

❷ L字型にした親指とひとさし指をももからひざに向かって下げる。

❸ 片方の手もL字型にし、すねからひざに向かってなで上げる。

❹ 両方の手がひざのお皿で楕円形の形で止まる。

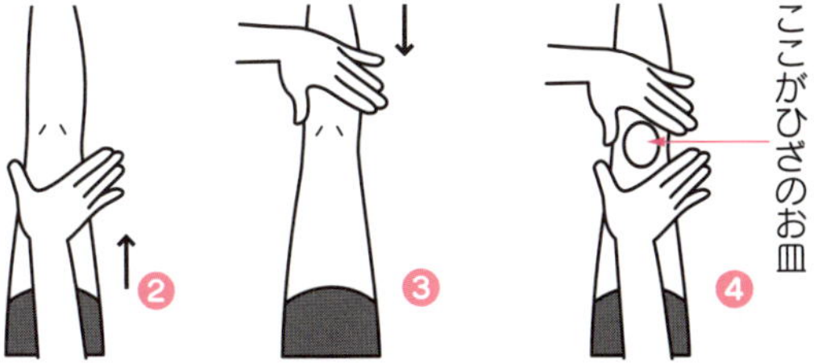

I ⑭着替えられない　症状と対策

どうしたら？

リハビリ体操⇨ P76 P86

更衣動作は自立を促すために大切なリハビリです。安定して座れる、麻痺した部分を認識できる、段取りや動作の順序立てができるなど、さまざまな能力が発揮できるように支援しましょう。

対応の改善ポイント

半身麻痺は「着患脱健」が基本

「着るときは麻痺した手から」「脱ぐ時は健常の手から」です（ズボンの着脱も同様）。

①麻痺側から通す。
②麻痺側手→ひじ→肩→首。
③健側を通す。
④ボタンがあれば留める。
⑤最終確認をする。

服を着る

❶患側から手を通す。声かけをしながら本人にできることはやってもらう。

❷シャツなどをかぶる。

❸健側の手を通す。

❹シャツなどを下ろす。

服を脱ぐ

❶シャツなどのえり元を持つ。

❷頭からシャツなどを出す。

❸健側の手を抜く。

❹患側の手を抜く。

対応の改善ポイント

拘縮予防にストレッチ体操を

麻痺があると腕や手首、指が曲がった状態になり、伸ばしたり開いたりするのが難しくなります。そのままにしておくと拘縮が起こりますので、ストレッチなどで予防しましょう。

リハビリ体操⇨ P76 P86

⑮手足が曲がる

どうしたら？

リハビリ体操⇨ P84 P86

寝たきりや麻痺などで関節を使わないことで起こり、これを拘縮といいます。そのほかに、関節の変形性関節症やリウマチ疾患などでも曲がります。日ごろの予防リハビリが大切です。

拘縮の予防リハビリ例①手首の関節

片麻痺の人の場合、手首の関節が拘縮を起こしやすく、リハビリで悪化を予防することが大切です。
拘縮が固定化しないように、定期的に手首のリハビリを行なうようにします。

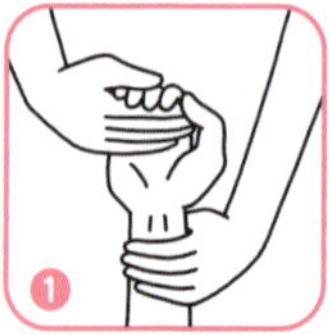

❶前腕の手首の近いところを持って固定し、指を優しくつかむ。

❷手首に力を入れすぎないように気をつけ、手のひらのほうに曲げる。

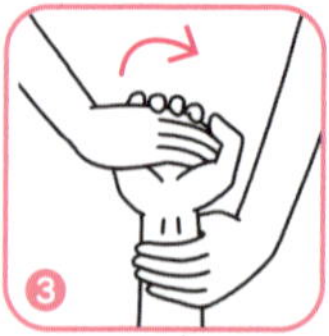

❸手首を手の甲のほうにゆっくり曲げる（伸展・背屈）。

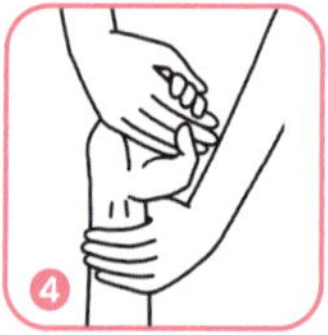

❹手指を親指方向に曲げる（撓屈《とうくつ》）。最大25度しか動かない。

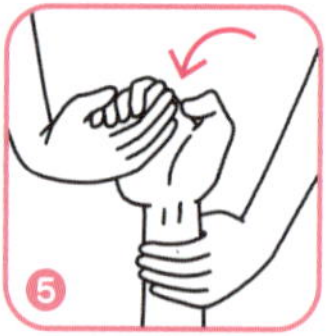

❺前腕を固定し、手指を小指方向に曲げる（尺屈）。

拘縮の予防リハビリ例②足関節

足関節（足首）が固くなると、歩き方が不自然になり、転倒しやすくなります。足関節と足指の関節を柔軟にするリハビリを行なうようにします。

❶左手で拘縮した足の足首を押さえ、右手で指のつま先をつかむ。

❷足を固定した状態で、手前に足をゆっくりと曲げる。

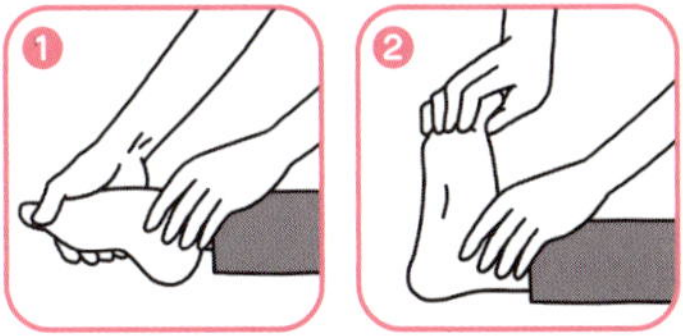

足を前後に曲げるリハビリ

拘縮予防リハビリ

●**指関節**………… **筋肉が縮もうとしている方向にさらに曲げることで、ひじや指の関節が開きやすくなる。**

●**前腕**…………… **回外（手のひらを上に向ける）、回内（手のひらを下に向ける）で橈尺関節が働いて動きやすくなる。**

このほか

●肘関節…屈曲・伸展　●肩関節…屈曲・外転・内旋・外旋

●股関節…外転・内旋・外旋　●膝関節…屈曲・伸展　など

対応の改善ポイント

拘縮予防になる座位

手足を動かすといっても痛みを伴うためなかなか長続きしないものです。座位を取ると肩やひじ、手首や指に拘縮とは反対方向に重力が働きます。座位それ自体が拘縮予防になります。

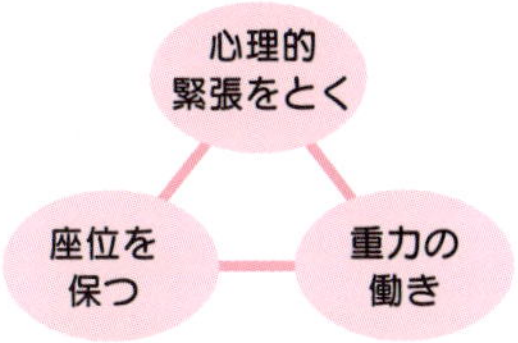

拘縮を防ぐ3つのポイント

リハビリ体操⇨ P84 P86

⑯ 肩が痛い　症状と対策

どうしたら？

リハビリ体操⇨ P75 P82

痛みのため肩関節を動かさずにいると、関節が動きにくくなります。また、炎症により腱が固まった状態（石灰化）に変化したり骨が変形したりします。こうした運動障害を予防・改善することが大切です。

肩の痛みの症状

肩の腱（棘上筋腱《きょくじょうきんけん》）は肩の骨を引き上げる筋肉が骨とつながる部分で、炎症があると腕を上げたときに腫れた部分が肩の骨に当たって激痛を起こします。関節包は関節を円滑に動かすクッションのような働きがあり、痛みで長時間動かさないでいると変形して肩関節の動きを妨げます。

肩関節の炎症が痛みの原因

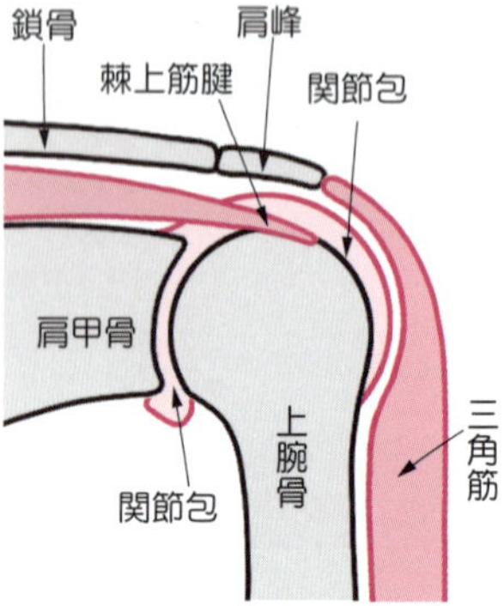

高齢者に多い五十肩

骨や軟骨、靭帯や腱などが老化して肩関節の周囲の組織に炎症が起きるのが主な原因といわれます。肩関節の動きをよくする袋（肩峰下《けんぽうか》滑液包《かつえきほう》）や関節を包む袋（関節包）が癒着するとさらに動きが悪くなります。

肩の関節

炎症をそのままにしておくと関節が癒着して動かなくなることがあります。急性期にはアームスリングなどで安静にして内服や注射などで手当てし、その後は温熱療法や運動療法などのリハビリを行ないます。

アームスリング（腕つり）

片麻痺の場合は麻痺側の肩が脱臼しやすい状態になっています。アームスリングで腕を支えて固定することで脱臼を予防して痛みを和らげます。

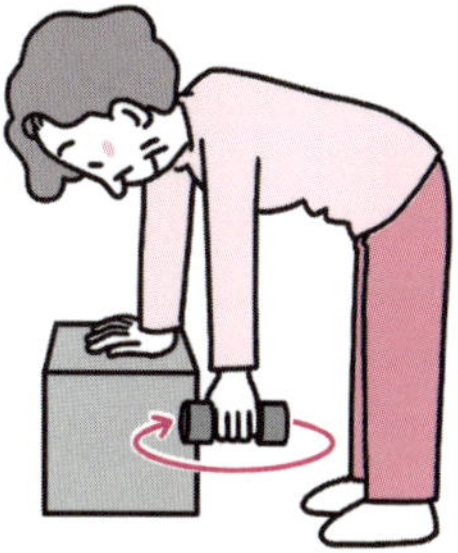

運動療法

関節の滑らかな動きと可動域を取り戻します。拘縮予防や筋肉強化になります。

肩の痛みを引き起こす主な病気

原因別に大別すると、加齢性（変性）、外傷性、腫瘍性、炎症性の順に多く、特に高齢者では、加齢性の病気が多くなります。

頚椎症や頸椎椎間板ヘルニア、脊柱靭帯骨化症のほか、関節リウマチ、リウマチ性脊椎炎、糖尿病、化膿性脊椎炎、血液透析、破壊性脊椎症、がんの既往、転移性脊椎腫瘍　など

リハビリ体操⇨ P75 P82

I ⑰ 腰が痛い　症状と対策

どうしたら？

リハビリ体操⇨ P78 P84

腰痛の原因はいろいろありますが、高齢者の場合は特に長年の脊椎への負担や骨粗鬆症などによって骨の変形も進んでいます。姿勢の矯正や背筋や腹筋の強化が大切です。

腰痛になりやすい人

- 腰椎の前彎《ぜんわん》（腰のそり）が強くなっている。
- 腹筋・背筋の筋力が低下している。
- 背筋や下肢の筋肉の柔軟性が低下している。
- 腰を伸ばす筋肉の筋力が低下し、腰曲り傾向にある。

姿勢のチェック

- 正しい姿勢。
- 腰をねじった状態で動作しない。
- 洗面台を利用するときにはひざや股を軽く曲げる。
- 腹圧を維持する（疼痛増強時にコルセット着用）。
- 腰および下肢を冷やさない。
- 適度な運動（歩行など）を行なう。
- 食べすぎや肥満に注意する。
- カルシウム摂取を心がける。
- 検診による定期的なチェック。

腰痛と治療法

安静にしていても、痛みが軽減しない、発熱、下肢がしびれる、力が入らない、尿漏れがするなどの症状を伴っている場合は整形外科を受診するようにします。X線レントゲン検査で大半の原因はわかりますが、「MRI」・「CT」の検査をする場合もあります。

- 内服薬、ブロック注射療法、コルセットなどの装具療法、牽引などの理学療法、運動器リハビリテーション、手術治療　など。

対応の改善ポイント

姿勢矯正や筋力強化

高齢者の場合は異状があっても自覚症状が弱く、痛みもあまり強くないことがあります。
圧迫骨折に注意しながら、
①姿勢の矯正　②背筋の強化　③腹筋の強化
を中心にリハビリを行ないます。

リハビリ体操⇨ P78 P84

I ⑱ 話せない 症状と対策

どうしたら？

脳卒中⇨ P89

脳卒中では病状が安定し、座位耐久性が向上した時点ですぐに言語治療を開始します。失語症や運動障害性構音障害は、患者さんがまずコミュニケーションに対して意欲を持ち続けることがとても大切です。

失語症と運動障害性構音障害

失　語　症

大脳（ほとんどは左脳）の「言語領域」が傷ついたため、言葉がうまく使えなくなる状態。「話す」「聞く」「読む」「書く」などが難しくなる。傷ついた場所の違いによって障害の重なり方や程度は異なり、いろいろなタイプがある。

運動障害性構音障害

言葉を話すのに必要な口唇、舌、声帯など発声・発語器官の麻痺や、運動の調節障害によって発声や発音がうまくできなくなる状態。

失語症の主なタイプ

- 運動性失語… 思うことが話せず、話せてもたどたどしい。（ブローカ野の障害）
- 感覚性失語… 滑らかに話せるが、言い間違いが多く（錯語）、聞いて理解することも困難。（ウェルニッケ野の障害）
- 健忘失語…… 聞いて理解することはできるのに物の名前が出てこないため、回りくどい。
- 全失語……… 「聞く・話す・読む・書く」のすべての言語機能に重度の障害がある。

言語障害のリハビリ

障害そのものの改善と、残された言語機能の活用という2つの目的があります。

●失語症のリハビリ

適切な刺激を与え、反応（うなずく、首を横に振る、文字を指さすなど）を引き出す練習を繰り返します（残された言語機能の活用）。

●運動障害性構音障害のリハビリ

ゆっくり区切って話すなど、より明瞭な発音ができるようにします。重症の場合は、五十音表や発声発語を補助する機器を使います。

コミュニケーションの重要性

一定の期間（約１年）がたったとき、どのようにコミュニケーションが図れるかが大切です。言葉の障害があっても、残存能力を最大限に生かして積極的な生活をすることが重要です。

脳卒中⇨ P89

I ⑲ 麻痺やしびれがある 症状と対策

どうしたら？

リハビリ体操⇨ P83 P84

脳梗塞は、動かない、感じない、しびれやビリビリ感などの症状から始まります。症状に気がついたらすぐに病院に運びます。早く治療を開始するほど後遺症が少なくてすみます。

運動麻痺と感覚麻痺

- **運動麻痺**…… 運動神経の障害で、意識して運動を行なおうとしても十分に力が出せない。
- **感覚麻痺**…… 感覚神経の障害で、少しは分かる場合は感覚鈍麻（感覚低下・感覚脱失）がある。「しびれ」は一般的に異常感覚という。

対応の改善ポイント

麻痺の回復には時間をかけて

麻痺は神経の感覚が戻るのに時間がかかります。リハビリは月単位や年単位で変わっていくこともあり、根気よくやっていく必要があります。

麻痺の発生部位による分類

- **片麻痺……… 体の同側の上下肢に麻痺がある。**
  脳卒中(脳梗塞、脳出血、くも膜下出血)、一過性脳虚血発作、多発性硬化症、脳腫瘍、慢性硬膜下血腫、脊髄空洞症など
- **対麻痺……… 両下肢または両上肢に麻痺がある。**
  急性脊髄炎、脊髄の血管障害、脊髄の腫瘍、ギラン·バレー症候群、筋萎縮性側索硬化症など
- **四肢麻痺…… 両側上下肢に麻痺がある。**
  周期性四肢麻痺、筋ジストロフィー、重症筋無力症、多発性筋炎など
- **単麻痺……… 上下肢のうち一肢だけに麻痺がある。**
  橈骨神経麻痺、正中神経麻痺、尺骨神経麻痺、腓骨神経麻痺など

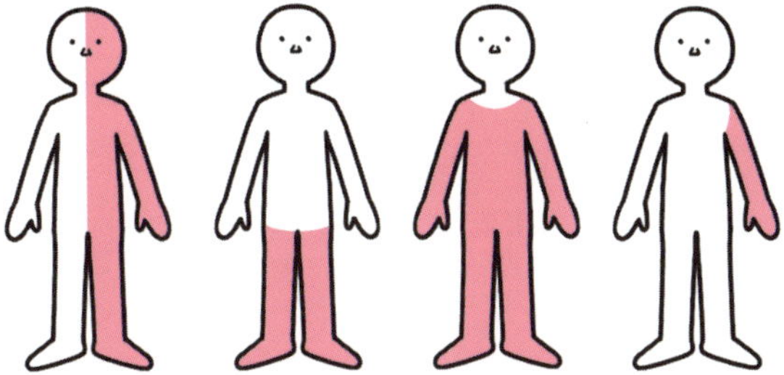

対応の改善ポイント

振戦(手の震え)

いつも振戦が起こるようなら脳神経の病気の場合があります。パーキンソン病(P106参照)などによく見られますので、脳神経外科などで治療を行なう必要があります。

リハビリ体操⇨ P83 P84

I ⑳ 物忘れが多い　症状と対策

どうしたら？

リハビリ体操⇨ P83 P86

物忘れには単なる脳の老化が原因の場合と、認知症（P104参照）による物忘れがあります。筋肉などと同様に脳も働かせないと衰えていくので、活性化させるようリハビリをします。

記憶障害

- 自分がしたこと自体を忘れてしまう。
- 昔から続けてきたことを忘れてしまう。
- 身近なものの呼び名を忘れてしまう。

認知症の物忘れでは

- **短期記憶障害の特徴**
  直前のことを忘れる。

- **見当識障害が現れる**
  場所や時間がわからない。

認知症の予防

①考える。

②行動を抑える。

③コミュニケーションを取る。

④自分で判断する。

⑤感情をコントロールする。

⑥記憶を整理する。

⑦集中力を継続する。

⑧同時に2つ以上のことに気を配る。

⑨やる気を出す（意欲）。

コラム

ブルンストロームテスト(BRS)

スウェーデンのシグネ・ブルンストローム(Signe Brunnstrom)により考案された評価法です。脳卒中の運動麻痺の回復過程を順序だてて評価するために考案されたものです。

StageⅠ
弛緩性麻痺(完全麻痺)

筋肉がダラッと緩んで締りがない状態。自分ではまったく動かせず、脳卒中発症早期に見られる。

StageⅡ
連合反応の出現

体の一部を強く働かせるとほかの麻痺した部位まで筋収縮や運動が起こる。

StageⅢ
共同運動パターンの出現

個々の筋肉だけでなく付随する筋肉まで動いてしまう。屈筋共同運動と伸筋共同運動の2種類。

StageⅣ
分離運動の出現

それぞれの関節が少し分離して動くようになる。

StageⅤ
分離運動の進行

共同運動や痙性の出現が弱くなり、より多くの運動(分離運動)が可能になる。

StageⅥ
さらに分離が進み正常に近づく

動きは少しぎこちないが運動の協調性や速度も正常化し、個々の関節が自由となる。

stage	上肢・下肢	手　指
stage Ⅰ	動きなし(弛緩麻痺)	動きなし(弛緩麻痺)
stage Ⅱ	連合反応	わずかに握る
stage Ⅲ	共同運動	握れるが開けない
stage Ⅳ	分離運動の開始	横つまみ・わずかな伸展
stage Ⅴ	個別的な関節運動可能	いろいろなつまみ・伸展可能
stage Ⅵ	全運動可能	全運動可能

Ⅱ

やってみよう！リハビリ体操20

安全に楽しく行なうために

- 血圧や体温などを測り、顔色や体調をチェック！
- 注意事項は忘れずに伝えましょう！
- 体力や精神状態を確認し、やりすぎないように！
- 動作中に気になることがあれば、すぐに元の体勢に戻る！

運動中止基準（例）

拡張期血圧	100mmHg以上
収縮期血圧	180mmHg以上
安静時脈拍	100回／分以上

Ⅱ ① ロコモーショントレーニング(ロコトレ)

①-1 開眼片脚立ち

運動器症候群(ロコモティブシンドローム)により起こる転倒や骨折を予防するために行なう関節や筋肉の運動をいいます。

転倒しないように、必ずつかまるものがある場所で行ないましょう。

続けることが大切ですね!
左右1分ずつ、1日3回
床に着かない程度に片足を上げる。

支えが必要な場合は、机に手や指をついて行なう。

机に手をついてする場合

机に指をついてする場合

 →P92 運動器症候群、P98 変形性関節(骨)症 参照

❶-2 スクワット

❶安全のためにイスやソファーの前で行なう。

❷イスに腰掛けるようにおしりをゆっくり下ろす。

❸おしりを軽く下ろし、ひざは曲がっても90度を超えない。

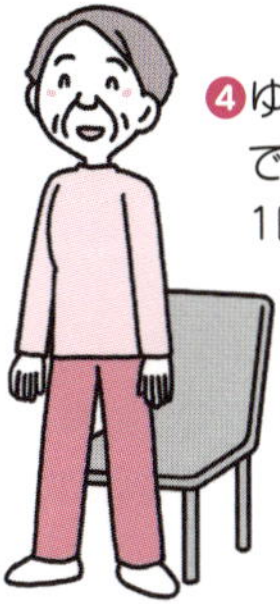

❹ゆっくりと呼吸する感じで繰り返しこれを5～6回1日3回行なう。

ワンポイント

スクワットができない場合は、イスに腰を掛け、机に手をついて腰を浮かす動作を繰り返します。

◎ そのほかのロコトレ（無理なく行なえる適度な運動）

ラジオ体操、ウォーキング、ストレッチ、水泳、卓球　など

※公益社団法人日本整形外科学会推奨

→P98 変形性関節(骨)症 参照

② 腰痛解消体操

上体反らし体操

縮んでしまいがちなおなかや腰回りの筋肉を使い、腰の関節の動きをよくする体操です。

①うつぶせになり、両手は顔の両側に置く。

②両腕で支えながらゆっくりと上体を起こし、腰を反しててそのまま5秒間静止して元に戻す。

ひざ抱え体操

腰の筋肉を伸ばすとともに、腰の関節の動きをよくする体操です。

①仰向けになってひざを抱える。

②胸のほうにゆっくり引き寄せ、背中をできるだけ丸める。

ワンポイント

腰痛がひどいと日常生活が制限されてしまいます。腰を支える筋力が衰え、精神的にも落ち込み、さらに腰痛が悪化します（悪循環）。中腰にならないなど姿勢に注意し、また腰の支柱性を高めるために体操を継続するようにしましょう。

→P100 腰痛症、P110 排尿障害 参照

腹筋強化体操

腰回りの筋肉(腹筋)を強くして、腰を安定的に支えられるようにする体操です。

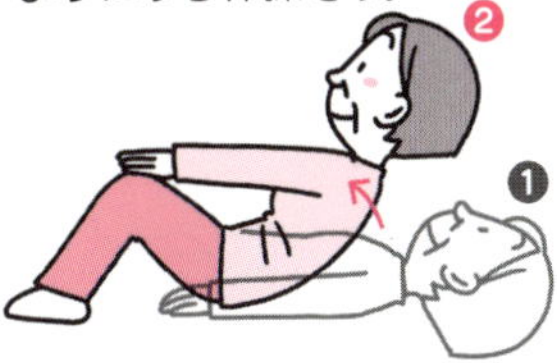

①あおむけに寝て、両ひざを軽く立てる。
②息を吐きながら、おへそを見るように上体をゆっくり起こし、5秒間静止してゆっくりと上体を下ろす。

背筋強化体操

背筋を鍛えることでバランスよく腰を支えられるようにする体操です。

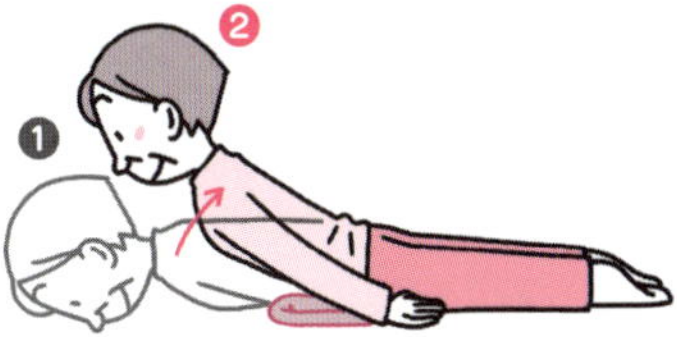

①うつふせになり、おなかの下にタオルなどを畳んで入れるほうがよい。
②息を吐きながらゆっくりと上体を持ち上げ、5秒間静止してゆっくりと下ろす。

スクワットの全身体操

太ももの筋肉や全身を使う体操です。

①足を肩幅に開き、つま先を外に向けてハの字に開く。
②ゆっくりとひざを曲げて元に戻す。

→P110 排尿障害 参照

③すこやかライフ体操

転ばぬ先の杖体操

バランス機能を向上させて転倒を予防します。

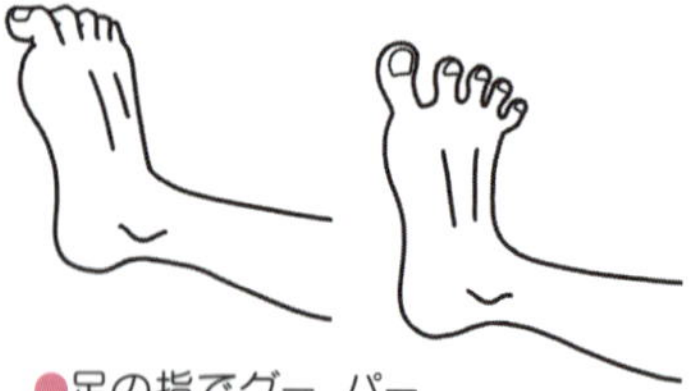

●足の指でグー、パー
（10回ずつ）。

●タオルを足の指でたぐり寄せる（5回）。

●ゆっくりつぎ足歩行
綱渡りをするように歩く。
前足のかかとに後ろ足のつま先を付ける。

●ゆっくり横歩き
右横方向に歩く。
左右の安定性が向上する。左方向の横歩きもする。

●ゆっくり後ろ歩き
バランス感覚を整える。

→P92 運動器症候群、P94 転倒・骨折 参照

尿失禁解消体操

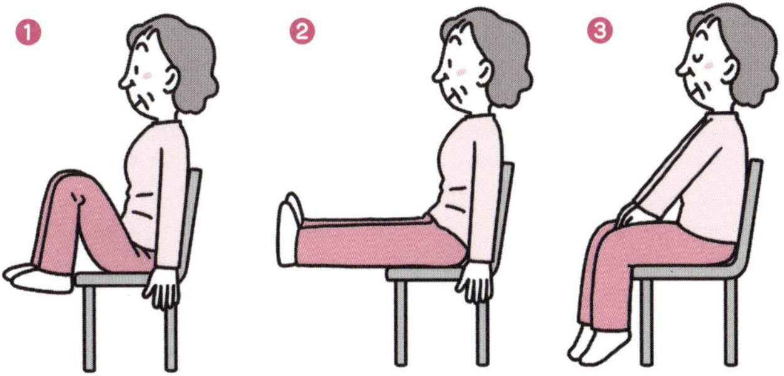

①両足をそろえて体に引き寄せるように持ち上げる。
イスに少しもたれるようにして行なうと、腰に負担が掛かりにくい。

②両足を地面と平行に伸ばして静止する。

③イスに腰掛けてひざの間に両手を挟み、ひざで押し付けるようにする。
肩の力を抜いておなかに力が入らないようにする。

両手を肩幅に広げて机につき、体重を腕に掛け、背筋を伸ばして肩とおなかの力を抜く。
肛門と尿道を10秒くらい「ギュー」と締め、リラックスする。
「肛門、尿道を締める」動作を速いテンポで繰り返す。

→P110 排尿障害 参照

④ 股関節体操

股関節の筋力アップになります

❶上体を起こしたまま右ひざを立て、左足はひざから下を床に着けて座る。

❷左手を右ひざの上に置いてバランスを取り、右手で左足の甲を持って上げ、そのまま保つ。

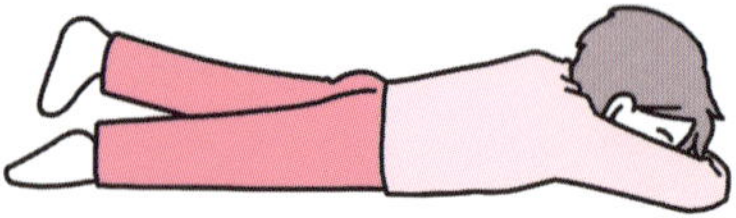

❸うつぶせに寝て、一方の足を上に向けてまっすぐに伸ばし、そのまま5秒間保つ。（後ろ上げ）

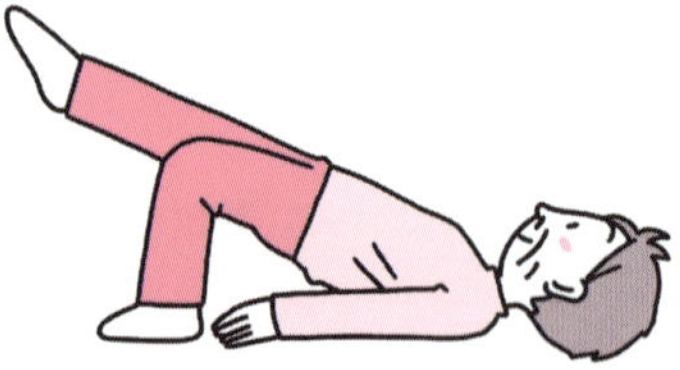

❹あおむけになり、腰を上げて伸ばしたまま、体重を一方の足に掛け、もう一方の足をまっすぐに伸ばす。（腰上げ）

→P98 変形性関節(骨)症 参照

❺足つぼマッサージ(フットケア)

●足つぼのマッサージは、本来人間が持つ自然治癒力の働きを高めるといわれます。

①手指先で足の裏を持ったまま反らしてアキレス腱を伸ばす。

②足の指先を軽くほぐして付け根の関節を緩める。

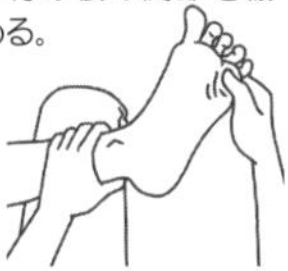

③湧泉《ゆうせん》のツボに両親指を重ねて息を吐きながら押す。

④両親指を重ねて息を吐きながら足心のつぼを押す。

⑤失眠のつぼを軽く押して息を吐きながら周囲を押す。

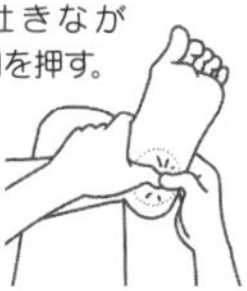

⑥かかとから指の付け根まで足裏全体を押す。

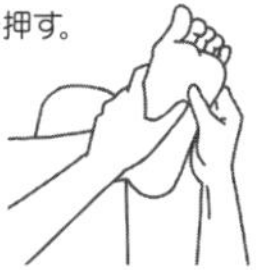

足裏三大つぼ

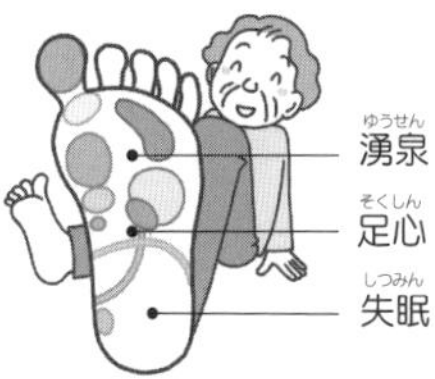

⑦こぶしの側面を使って足裏全体を軽くたたく。

⑧)足の甲からさすり上げて足首からふくらはぎに向かってもむ。

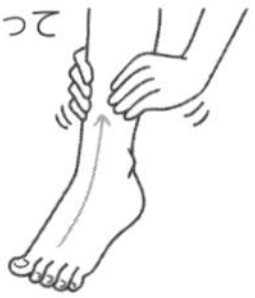

右足も同様にします。

❻ゆっくり体操

①あおむけに寝転び、ゆっくりと口から息を吐いてもらう。
体中の空気をすべて体外に出すつもりで時間をかける。

②鼻から深く息を吸う。
舌を上あごに付けるようにし、下腹が膨らむように気をつける。

③再び口から息を吐く
吸った時間よりも倍の時間かけるつもりで、長くゆっくりと吐く。
この呼吸を繰り返す。

下腹の動きを
意識する
ゆっくり
口から息を吐く
鼻から深く息を吸う

●イスに腰掛けて行なう場合は、おへその下に両手を当てて下腹の動きを意識する。

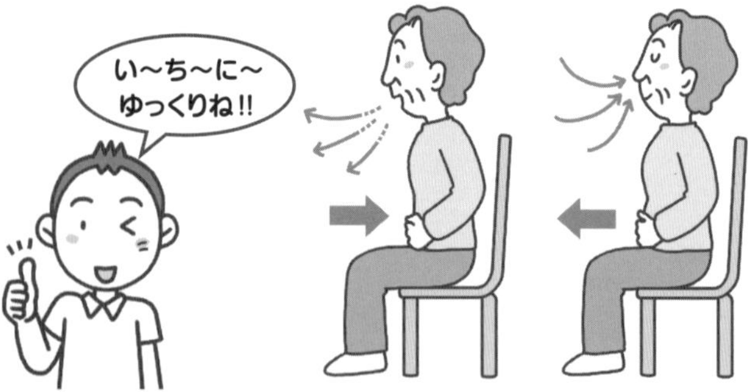
い〜ち〜に〜
ゆっくりね!!

7 あおむけ足上げ体操

7 あおむけ足上げ体操

①あおむけに寝て左足のひざを直角以上に曲げる。

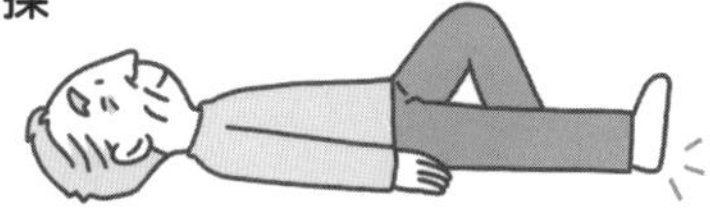

②もう一方の足をひざを伸ばしたまま床から10cmぐらいゆっくり上げ、5秒間そのままでいる。

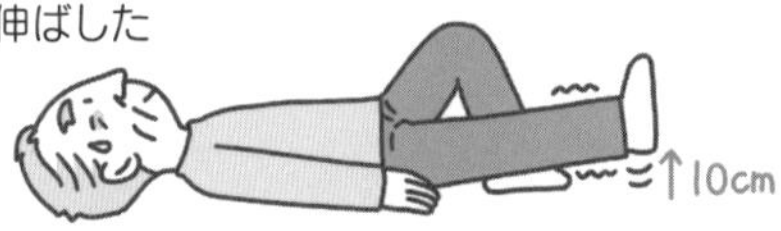

③息を吐きながらゆっくり足を下ろす。

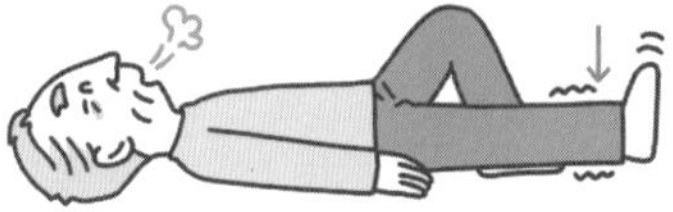

④床が足に着いたら5秒間休み、これを5回繰り返す。右足も同様にします。

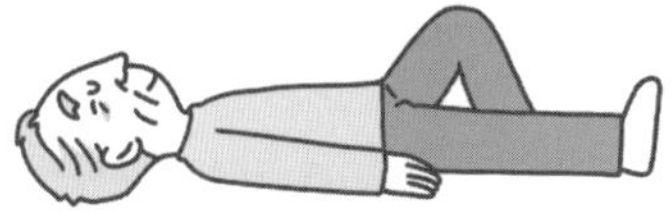

ワンポイントチェック

- 痛みを感じるまでやらないようにしましょう。
- 痛みの出ない回数、強度で行ないましょう。
- 慣れてきたら回数を少しずつ増やしていきましょう。

→P8 寝返り 参照

Ⅱ ❽ 足のボールと風船体操

❽ 足のボールと風船体操

内転筋群の筋力を鍛えます

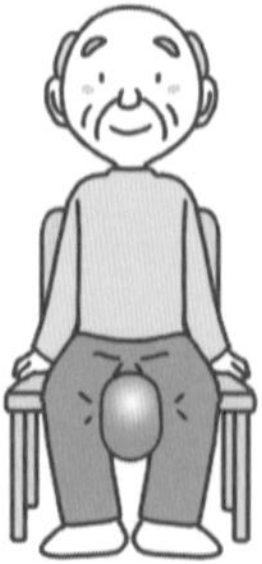

①ボールを両足で挟み、ボールを押す。

腸腰筋·大腿四頭筋の筋力を鍛えます

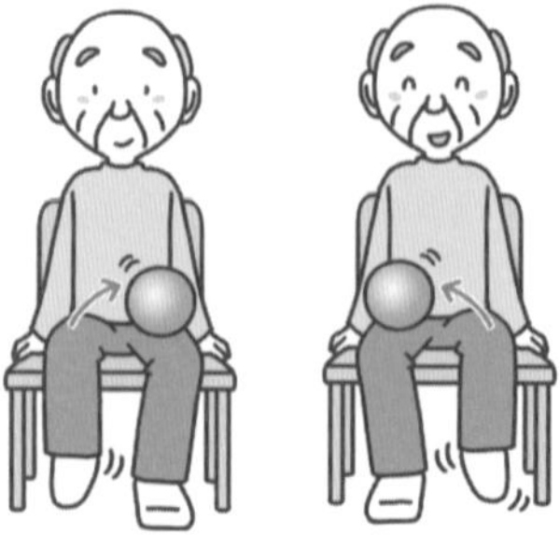

①風船をひざに乗せて右から左にける。

②左から右に交互に数回繰り返す。

下腿三頭筋と前脛骨筋を鍛える

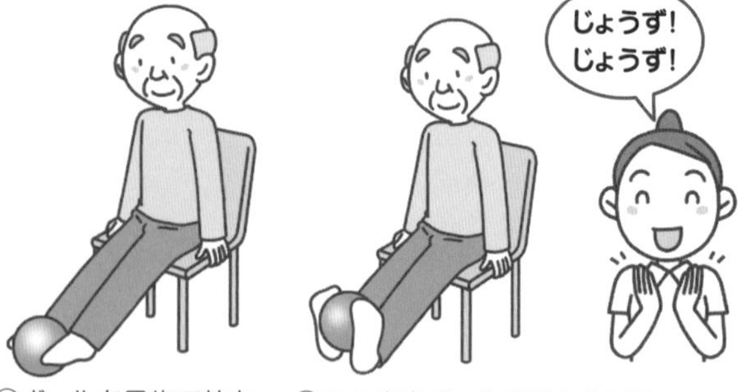

①ボールを足先で挟む。

②そのままボールを持ち上げる。

→P94 転倒·骨折 参照

9 いきいき腕体操

9 いきいき腕体操

肩の前と二の腕の筋肉を鍛えます

①おもりを持って肩の高さに上げる。

②そのまま上に腕を上げる。左腕も同様にします。

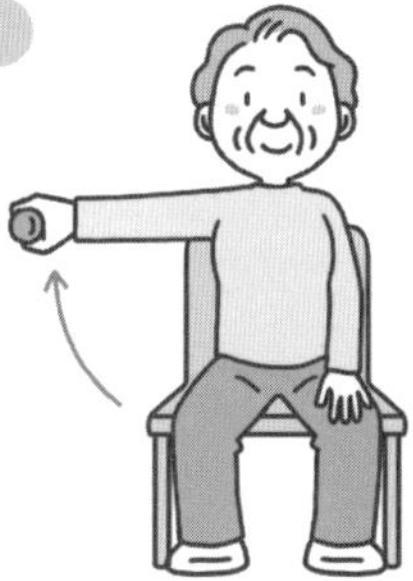

③腕を下ろした状態から、そのまま腕を外側に上げる。

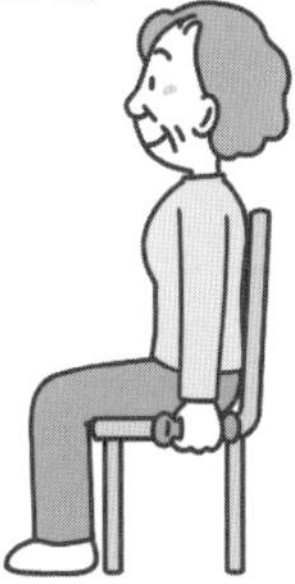

④おもりを持って腕を横に下ろす。

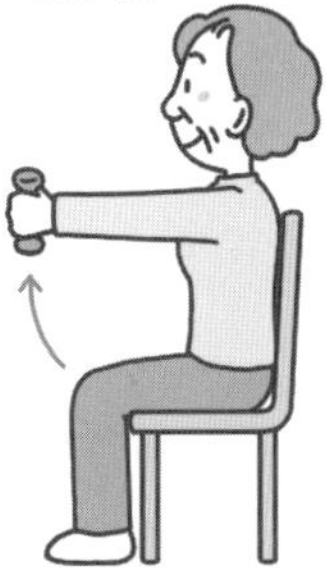

⑤そのまま腕をまっすぐに前に上げる。

ワンポイントチェック

年を取ると猫背や腰が曲がる人が増えます。猫背は背骨を支える主として背筋や大胸筋が萎縮して体重を支えられなくなり、背中の骨が曲がる形となったものです。筋肉や骨の衰えが原因なので、筋力を鍛えることが大切です。

→P16 座れない、P92 運動器症候群 参照

⑩元気太もも体操

太もも（大腿四頭筋）の前後や腰回りを鍛えます。

①両足を肩幅に開いて立つ。

②1、2、3で軽くしゃがんで元に戻る。

③左足を後ろに曲げてそのまま5秒間保つ。

④ももを上げてそのまま5秒間保つ。右足も同様にします。

⑪ラクラクひざ体操

ひざ周辺の筋力を強化します。

①イスに深く座り、
背すじを伸ばす。

②左足の下に右足をすくうように入れる。息を吐いて吸った後、息を吐きながら5～6秒間、下の足で上の足を上げるように上の足はそれを押さえるように絡ませて力を入れ、押し合う(1回)。

③同様に反対方向も行なう(右足の下に左足)。

ワンポイントチェック

ひざの痛みの予防はふだんからコツコツと体操を続けることです。ひざが痛い人や違和感のある人は、無理のない範囲で徐々にほぐしていくようにしましょう。

→P16 座れない 参照

⑫ゆうゆう腹筋体操

①あおむけに寝て、頭だけを持ち上げる。

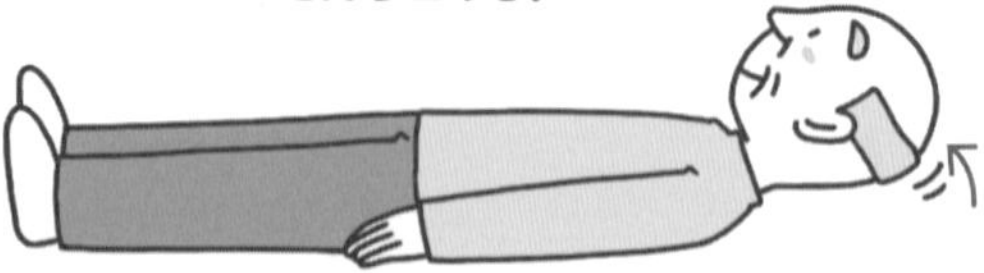

②おへそを見るつもりでゆっくりと頭を持ち上げ、数秒間キープしてゆっくりと下す。
腹筋、筋力のある人は、このとき手を頭に添るえようにする。

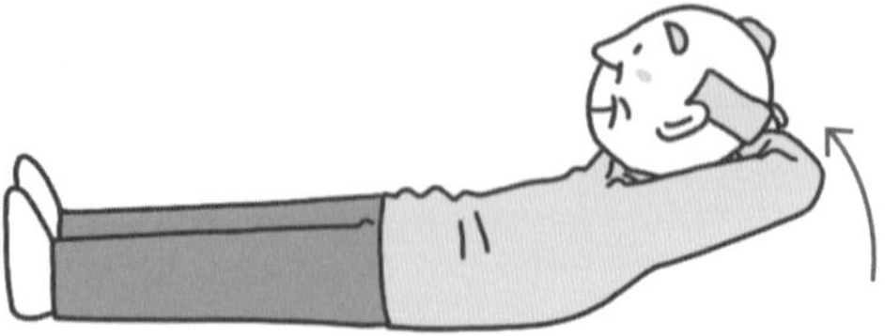

※無理をすると腰や背中を痛めるので注意が必要です。無理のない程度の回数をゆっくりと行ないましょう。

ワンポイントチェック

腹筋をつける場合も腹式呼吸を心がけます。腹式呼吸は手軽に腹筋背筋を鍛えてくれるうえ、副交感神経の働きを高めてくれます。副交感神経には血圧を安定させ、心身の緊張を緩めてリラックスさせる効果があります。

→P8 寝返り、P12 起き上がれない 参照

⑬ひじと前腕の体操

ひじを曲げる筋肉を鍛えます

前より
できるように
なりましたね。

①おもりを持って手を下ろす。

②そのまま前にひじを曲げる。

前腕の筋肉を鍛えます

無理はしないでね。

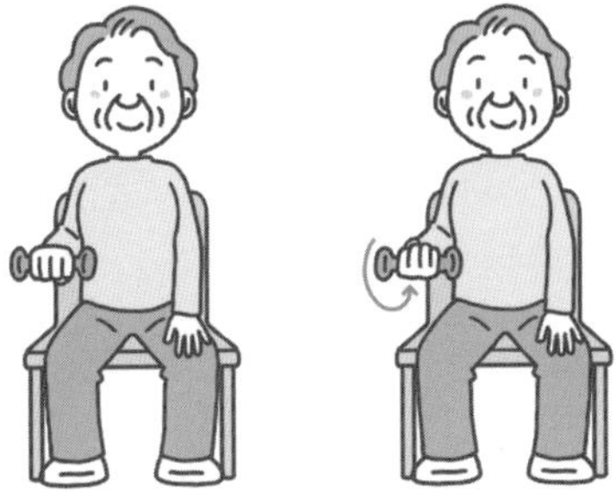

①おもりを持って手のひらを下に向ける。

②そのまま手のひらを上に向ける。
(左右の腕で行なう)

II ⑭腰と肩の筋力アップ体操

⑭腰と肩の筋力アップ体操

腰の外側の筋肉を鍛えます

①足を肩幅に開いて立つ。
肩回りの筋力を鍛えます。

②左足を横に広げてそのまま3秒保つ。
右足も同様にします。

①壁に手をついて立つ。

②ひじをゆっくり曲げ、壁に顔を近づける。

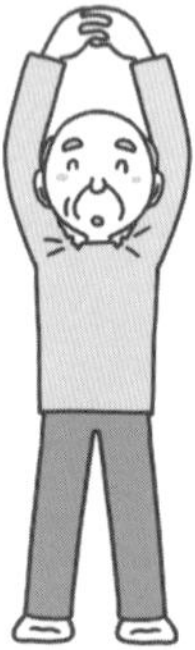

③手を組んで上に伸びる。
右足も同様にします。

→P28 階段がのぼれない、P100 腰痛症、P102 関節リウマチ 参照

⑮ 肩こり解消体操

⑮肩こり解消体操

肩や肩甲骨を伸ばしてリラックスします

①背筋を伸ばし、腕を前にだらりと下げる。

②鼻から息を吸いながら肩を上げる。

③肩を上げたまま息を止めてそのまま5秒保つ。

④肩を一気に落として口から息を吐く。

⑤左腕を横に伸ばし、もう片方の腕で後方に引く。

⑥左腕を上に上げてひじを曲げ、もう片方の手でそのひじを引く。

右腕も同様にします。

→P46 肩が痛い 参照

⑯棒とゴムのノビノビ体操
ゴム引っ張り体操

体全体の柔軟性を向上させます

①ゴムひもを伸ばす。

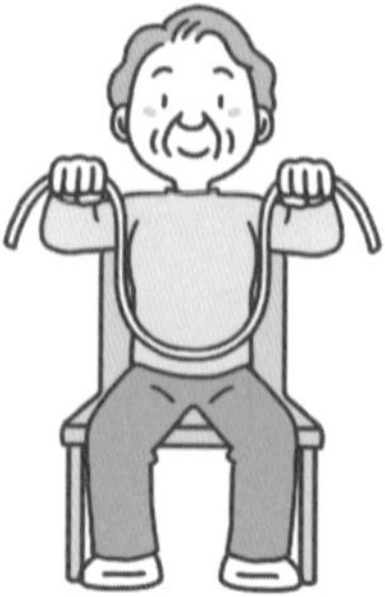

②ゴムひもを緩めます。

体ひねり体操

①棒あるいはタオルを持ってイスに座る。

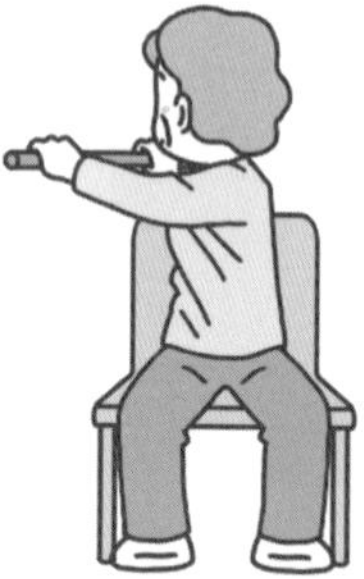

②上半身を右に回す。
③上半身を左に回す。
左右3～5回繰り返す。

→P42 着替えられない 参照

柔軟アップ体操

わき腹とおなか、背中の柔軟性を向上させます

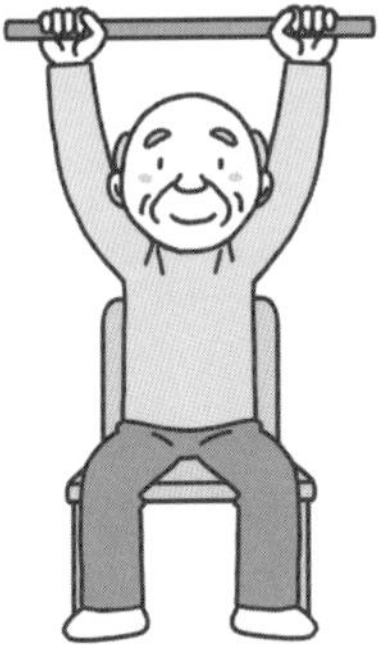

①棒あるいはタオルを持ち、
イスに座って腕を上げる。

②体を右に傾け、わきを伸ばす。
③左方向も同様にする。

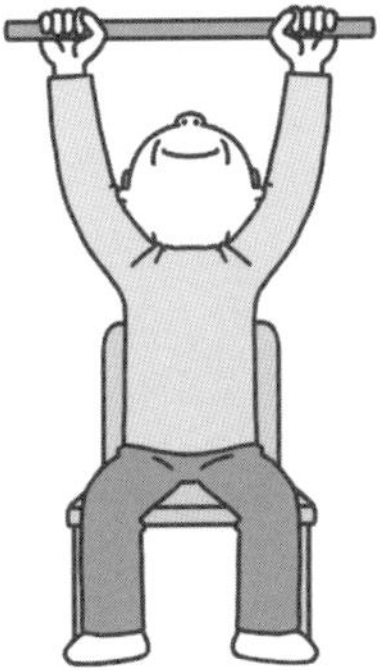

④腕を上げて天井を見る。

⑤腕を下げて床を見る。

②③④⑤でそれぞそのまま20～30秒保つ。

II ⑰立ち上がり体操

⑰立ち上がり体操

①両手を組んで前方へ上体を移動させる。

②頭を下げながらおしりを浮かせる。

③胸を張りながらひざを伸ばして立つ。

①～③を繰り返す。

(3～5回)

※台などを麻痺のない側に置いて立ち上がってもよい。

初めは手すりなどを使用しながら行ない、慣れてくれば手を使わないで行ないます。転倒予防体操にもなります。

→P12 起き上がれない 他、P20、P22、P24、P34、P36、P48、P96、P100 参照

18 座って足上げ体操

①前かがみの姿勢でイスに浅く腰掛ける。

②つま先を反らせ、ひざを伸ばす。

③かかとを床から10cmぐらいの位置まで上げ、5秒間そのままでいる。

④足を下ろし、5秒間休み、これを5回繰り返す。

⑤同じ動作を足を変えて行なう。

→P18 立ち上がれない 他、P22、P38、P40、P96、P106 参照

⑲食事前の準備体操

食事前にやりましょう。

①左右に曲げる。

②前後に曲げる。

③右と左に回す。

④左右を向く。

⑤ほほを思いっ切り膨らませる。

⑥ほほをすぼめる。

⑦「ア～」と大きく口を開ける。

⑧「イー」と唇を左右に強く引く。

⑨「ウ～」と口をすぼめる。

⑤⑥⑦⑧⑨を3回繰り返す。

→P30 自分で食べられない 他、P32、P104、P106 参照

⑩肩を上げる。

⑪ストンと力を抜いて肩を下ろす。

⑫肩を上げる。

⑬ストンと力を抜いて肩を下ろす。

⑭肩を大きく前に3回回す。

⑮肩を大きく後ろに3回回す。

⑯ゆっくり鼻から息を吸う。

⑰ゆっくり口から息を吐き出す。

II ⑳ 集団リハビリ体操20分コース①

通所リハビリでは集まってみんなで20分ぐらいの目安で体操を行ないます。在宅でひとりで行なう場合は、少しずつ行ないましょう。

❶上半身の体操

①首を右に回しながら10数え、次に左に回しながらて10数える。

②首を右に倒しながら10数え、次に左に倒しながら10数える。

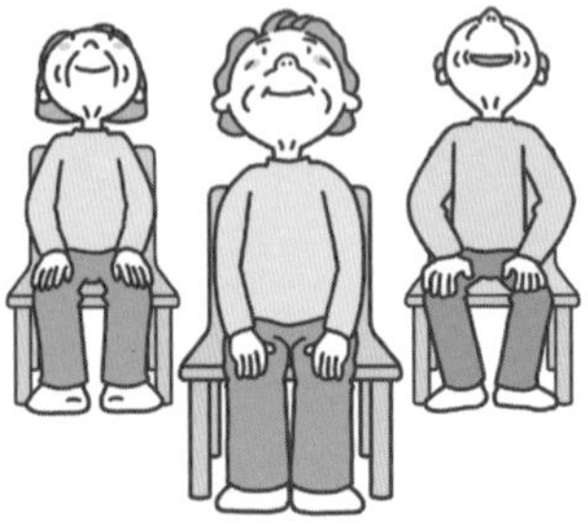

③上に向きながら10数える。

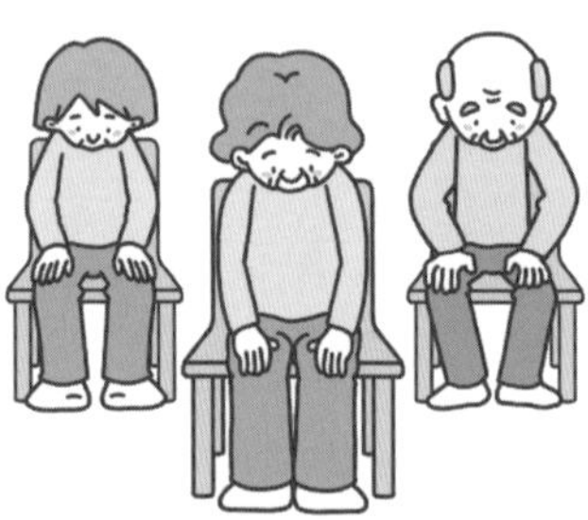

④下を向きながら10回数える。

→P34 ひとりでトイレができない 他、P46、P52、P54、P108 参照

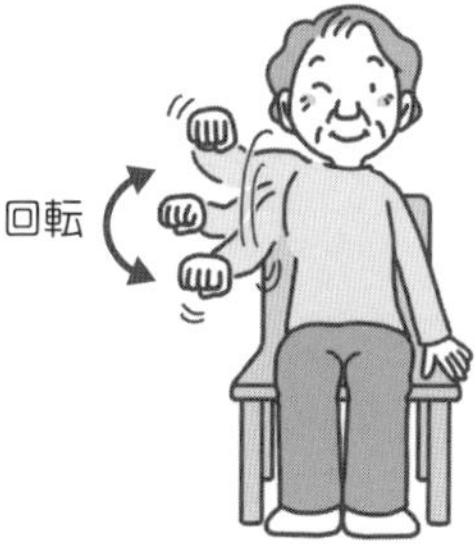
回転

⑤右腕を10回、回し、次に左腕を10回、回す。

肩甲骨をしっかり
動かすよう
意識してね!!

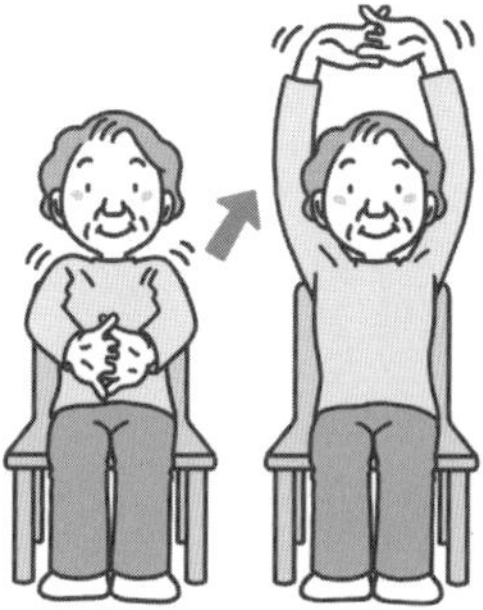

⑥手を組んで裏返して10数え、次に上にあげて10数え、

⑦手を組んで左に倒しながら10数え、次に右に倒しながら10数える。

II ⑳ 集団リハビリ体操20分コース②

❷下半身の体操

①右足を抱えて10数え、次に左足をか抱えて10数える。

②足踏みをする　初めはゆっくり→少し早く→　ダッシュ(3~5回)

③右足を伸ばし、水平を保って10数え、次に左足も同様にする。

④両足を伸ばし、水平を保って10数える。

→P18 立ち上がれない 他、P20、P24、P28、P36、P38、P40、P44、P48、P52、P108 参照

ワンポイントチェック

老化も筋肉が萎縮・衰退していくからで、体操や運動をして筋肉を鍛えることで、老化の速度を遅らせることができるといえます。

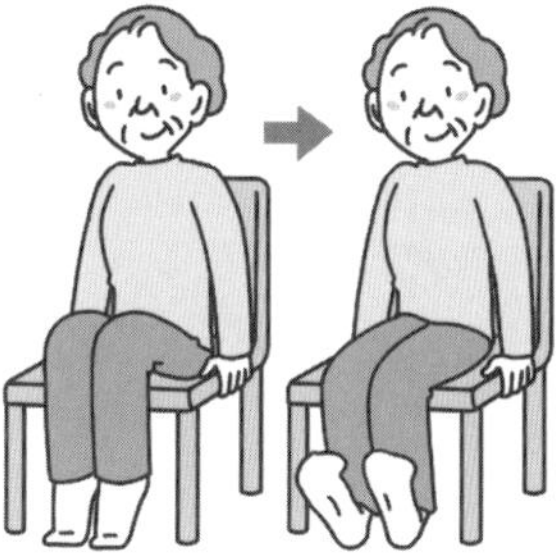

⑤つま先を立ててかかとを上げたまま10数え、次にかかとを着けてつま先を上げて10数える。

まずは、
ストレッチから。

ぐる
ぐる
ぐる
ぐる
ぐる
ぐる
ぐる

⑥右足を浮かし、回しながら10数える。左足も同様にする。

⑳集団リハビリ体操20分コース③

❸手の体操

決まった動きを繰り返し、声を出しながら行ない、テンポを早めていくと楽しくできます。

①グー　パー　グー　パー
（3～5回）

②グー　チョキ　パー　グー
チョキ　パー（3～5回）

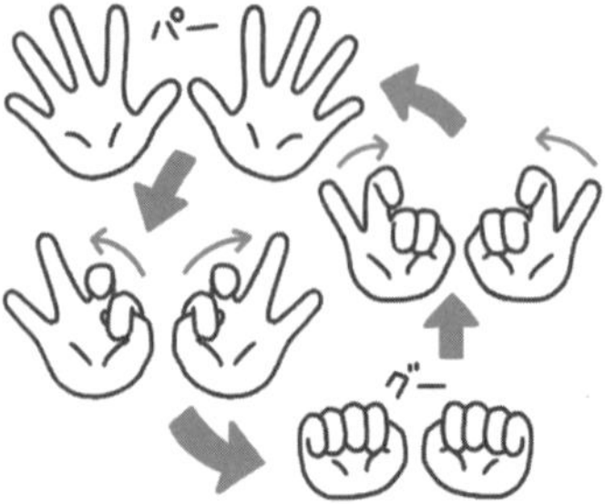

③パーにして、親指から順に折っていく。次に、小指から順に開いていく。（3～5回）

ワンポイントチェック

- 身体的なリハビリ運動効果。
- 参加者同士の交流や気分の発散。
- 自主性を促すきっかけづくり。

→P42 着替えられない 他、P44、P54、P102、P104 参照

III

知っておくと安心！疾患対応リハビリ

高齢者は加齢によって、骨関節・筋などの運動器、呼吸器(系)・循環器系、神経系、精神機能、代謝機能など多くの機能が衰退(老化)して、特有の疾病を発症させることになります。疾病を根治するのではなく、慢性疾患を持ちながらも、QOL(生活の質)の向上を目ざし、維持するようサポートすることが大切です。

III ① 脳卒中

どんな症状？

症状別リハビリ⇨ P50

しびれ、ろれつが回らない、手足に力が入らないなどのような症状から、意識喪失などさまざまです。

脳卒中の種類

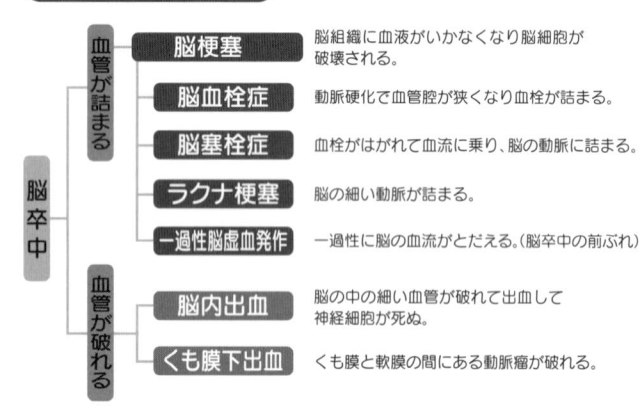

- 脳卒中
  - 血管が詰まる
    - 脳梗塞：脳組織に血液がいかなくなり脳細胞が破壊される。
      - 脳血栓症：動脈硬化で血管腔が狭くなり血栓が詰まる。
      - 脳塞栓症：血栓がはがれて血流に乗り、脳の動脈に詰まる。
      - ラクナ梗塞：脳の細い動脈が詰まる。
      - 一過性脳虚血発作：一過性に脳の血流がとだえる。（脳卒中の前ぶれ）
  - 血管が破れる
    - 脳内出血：脳の中の細い血管が破れて出血して神経細胞が死ぬ。
    - くも膜下出血：くも膜と軟膜の間にある動脈瘤が破れる。

どんな後遺症や障害があるの？

- ●機能障害………　麻痺や関節拘縮、しびれ、失語症など、精神機能や身体機能が低下したり失われたりしている状態。
- ●能力の低下……　起居動作の低下、歩行や食事、排せつなど、生活の能力が低下している状態。
- ●社会的な不利…　生活動作（ADL）が低下することで仕事や家庭で支障が出る状態。

脳卒中機能障害評価法(SIAS)

脳卒中の機能障害の程度を総合的に定量化する評価法です。

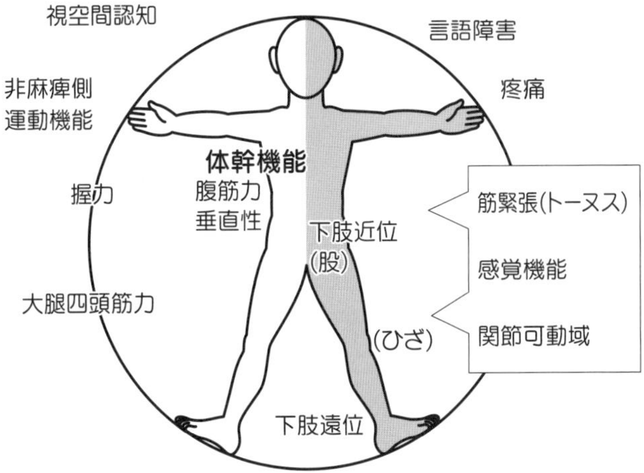

廃用症候群とは

長い間機能を使わなかったために、筋肉がやせる「廃用性筋萎縮」や、関節が固まって動かしにくくなる「関節拘縮」などの症状をいいます。廃用症候群を予防するために、脳卒中、骨折、肺炎などの入院で長期間臥床していると起きやすくなります。発病後できるだけ早くリハビリを行なう必要があります。長引くと内臓の機能にも障害を起こします。

症状別リハビリ⇨ P8～42·50

脳卒中リハビリの３つの時期

脳卒中リハビリは、「急性期」、「回復期」、「維持期」の3つの時期に大きく分けられ、症状を見ながらできるだけ早く、日常生活で必要になる基本動作のリハビリを進めていきます。

急性期リハ

廃用症候群を予防するため、発病後１週間以内に開始します。

●体の向きを変える。

●手足を正しい位置に保つ。

●麻痺をしている手足の関節を動かす。

失語症のリハ

回復期リハ

症状が安定してきたら１～３週間くらいまでに、運動障害（歩行訓練や作業療法）、言語障害（失語症、構音障害）、高次脳機能障害（認知障害）のリハビリを開始します。

●起き上がる。

●嚥下訓練や食事や洗面などが人の手を借りずにできるよう訓練をする。

●平行棒や手すりを使って、立つ～歩くという訓練を行なう。

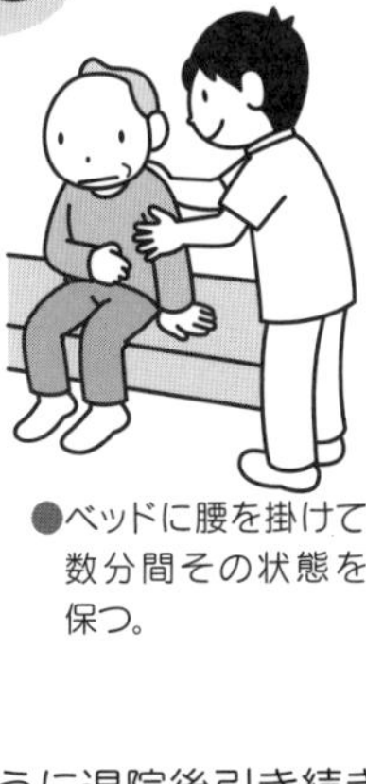

●ベッドに腰を掛けて数分間その状態を保つ。

維持期リハ

早く社会復帰ができるように退院後引き続き行なうリハビリで、回復した機能を再び低下させないために行なうものです。回復期リハの内容を継続し、リハビリの専門スタッフの指示に従います。

III ② 運動器症候群(ロコモ)

どんな症状?

リハビリ体操⇨ P58～62

運動器症候群「ロコモティブシンドローム(以下:ロコモ)は運動器の障害による要介護状態や要介護リスクの高い状態をいいます。加齢による、筋力低下、持久力低下、運動速度の低下、反応鈍化、巧緻性低下、深部の感覚低下、バランス能力低下などが挙げられます。

7つのロコチェック

次のひとつでも当てはまればロコモである心配があります。

①家の中でつまずいたり滑ったりする。

②階段を上るのに手すりが必要である。

③15分くらい続けて歩けない。

④横断歩道を青信号で渡りきれない。

⑤片脚立ちで靴下がはけない。

⑥2kg程度の買い物（1ℓの牛乳パック2個程度）を持ち帰るのが困難である。

⑦家のやや重い仕事（掃除機の使用、布団の上げ下ろしなど）が困難である。

（※公益社団法人日本整形外科学会が提唱）

予防と治療

運動器とは、運動に関連する骨や筋肉、関節、神経などで、それぞれ連動して動いています。1か所が悪くなると全体に悪影響を与えます。悪化して寝たきりや要介護にならないためにも、ロコモーショントレーニング：ロコトレ（P58参照）などの運動療法で早めに予防をすることが大切です。

「運動器不安定症」とは

運動機能低下をきたす疾患が存在、またはその既往がある、日常生活自立度判定（P112）がランクJまたはAであること、運動機能評価テストの項目を満たすことが条件になります。（保険収載《しゅうさい》された疾患概念）

III ③ 転倒・骨折

どんな症状？

リハビリ体操⇨ P62 P68

高齢者は骨粗鬆症によって、転倒した際などに骨折をしやすくなります。骨折のもっとも大きな症状は強い痛みで、はれや変形部位を曲げるような力が掛かったり、動いたりすると痛みが強まります。

出血性ショック

骨折すると大量の出血が起こり、ショック状態になることがあります。特に大腿骨骨折は速やかに救急車を呼び、病院で治療を受けます。

なぜ転倒するのか？

高齢者は骨、関節、筋肉などの運動器の働きが衰えており（運動器不安定症）、歩行や車の乗り降り、階段、小段差を越える、床のものを拾おうとしてかがむ、手を伸ばすといった簡単な動作ですぐに転倒します。

●原因……… **思っていた以上に段差があった。**
体が思うように動いてくれない。

●対策……… **転倒しやすい環境を知って予防・対策する。**
元気なうちからロコチェック（P92・93参照）**をして運動器を鍛えるロコトレ**（P58・59参照）。

高齢者の骨折しやすい部位

高齢者の骨折の多くは骨強度低下(骨粗しょう症)が原因でちょっとした転倒で起こります。骨折部位は大腿骨頸部、脊椎、上腕骨頸部、橈骨遠位端、座骨、肋骨などです。(大腿骨頸部骨折は80%が転倒)

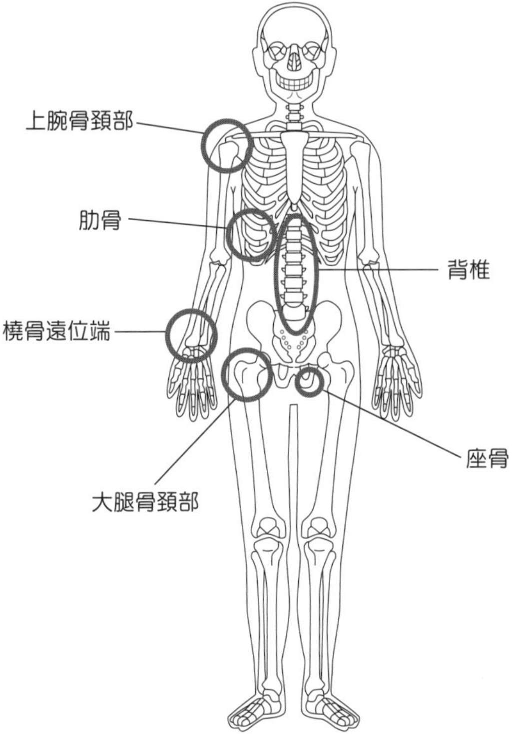

リハビリ体操⇨ P78 P79

高齢者に多い骨折

■大腿骨頸部骨折

大腿骨の頸部（股関節部分）での骨折です。股関節を包み込む膜（関節包）の内側で起こる骨折と外側で起こる骨折があります。

股関節・仙腸関節

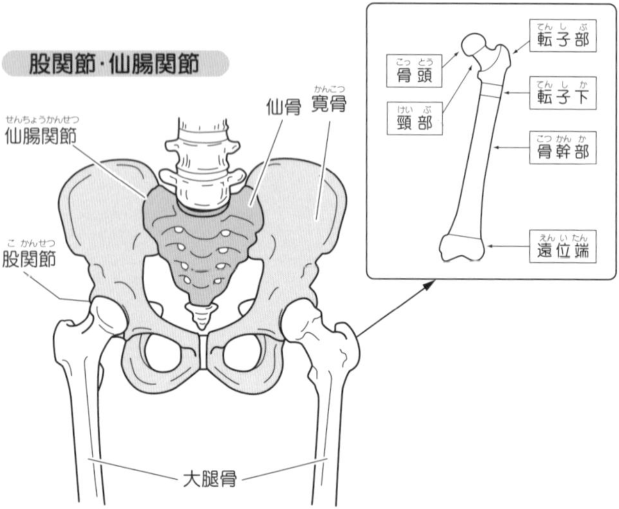

■変形性脊椎圧迫骨折

骨粗しょう症でもっとも多い骨折。転んだ衝撃で脊椎が押しつぶされるように変形してしまう。急性期には強い痛みがある。

背骨の圧迫骨折

■橈骨骨折

手首の骨が折れる骨折です。

手首の骨折

■骨粗しょう症

骨の強度が低下して骨折を起こしやすくなった状態です。主に加齢によって骨量が減って質も劣化するためです。食事と運動で予防することが大切です。

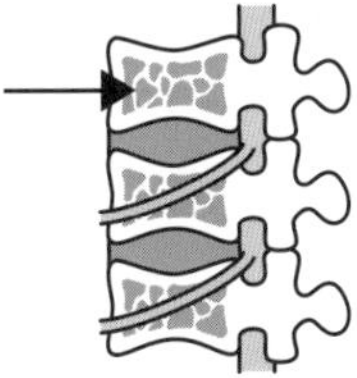

治療とリハビリのポイント

高齢者では骨折治癒まで長くかかるため（数か月）、ほとんどが手術治療をします。特に大腿骨頸部骨折は、廃用萎縮の予防や下肢機能の回復をえるために早期離床が必要です。術後なるべく早く平行棒での立ち上がりや関節の動きをよくする運動（急性期リハビリ、回復期リハビリ）を始めます。

III ④ 変形性関節(骨)疾患

どんな症状？

リハビリ体操⇨ P58 P59 P64

老化などによってひざ関節の軟骨がすり減り、関節炎を起こしたり変形したりして、痛みなどが起こる病気です。骨折、靱帯·半月板損傷などの外傷、化膿性関節炎などの感染の後遺症として発症することもあります。

なぜ起こる？

●変形性関節症

体重などによる負担や、ほかの病気などさまざまな原因で関節の軟骨がすり減り、関節に変化が起きます。軟骨がすり減ると、骨への衝撃を吸収できなくなり骨同士が直接ぶつかるようになり、進行すると骨にも変形が起こります。

●変形性脊椎症

脊椎では加齢により骨が変形すると、神経を刺激し痛みを生じるようになります。

主な変形性関節(骨)症とリハビリ

●ひざの関節症(変形性膝関節症)

体重減量、大腿四頭筋を鍛える。

●変形性股関節症

股関節を鍛える。

●変形性脊椎症(腰部脊椎管狭窄症)

腹筋を鍛える。

●変形性肩関節症

関節の可動域訓練やストレッチ、筋力強化訓練などを行なう。

●手首の関節症(拇指CM関節症:指の付け根の関節)

温熱療法や患部の固定などで痛みを和らげる。

変形性関節症が起こりやすい関節

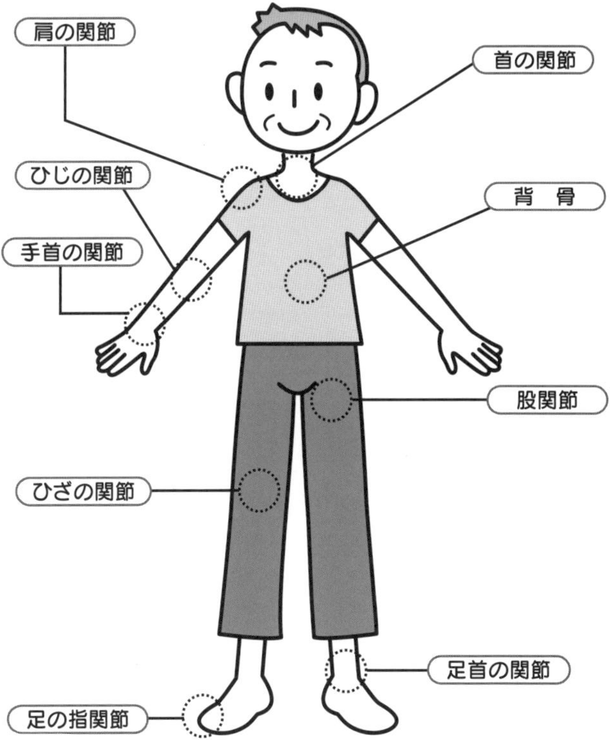

III ⑤ 腰痛症

どんな症状？

リハビリ体操⇨ P60 P74 P78

慢性痛の症状は原因によっても変わってきます。それぞれの症状特有の痛み方や症状があり、病気の可能性が高い場合は何らかの処置が必要です。

腰痛に関する疾患

❶腰椎圧迫骨折
骨がもろくなる骨粗しょう症で合併し、骨がつぶれて神経を圧迫する。

❷変形性脊椎症
骨老化現象による背骨、腰骨の変形によって起こる痛み。

❸腰椎すべり症
腰椎の加齢性の変形性変化に伴い、腰骨の不安定性が増す。

❹腰椎分離症
脊椎の骨の一部が離れてしまう。

❺側彎症
脊柱が側方へ曲がり、ねじれも加わる。

❻椎間板ヘルニア
椎間板が外に飛び出して神経を圧迫する。激しい痛みやしびれを引き起こす。

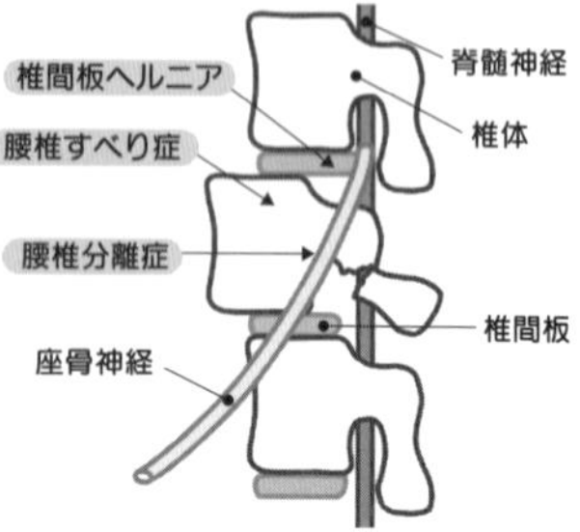

腰痛予防水中歩行

水の抵抗力により体の筋肉は強化され、水の浮力の影響で腰への負担が軽減されます。 腰の筋肉量が増加し、腰が強くなるために腰痛が起こりにくくなります。

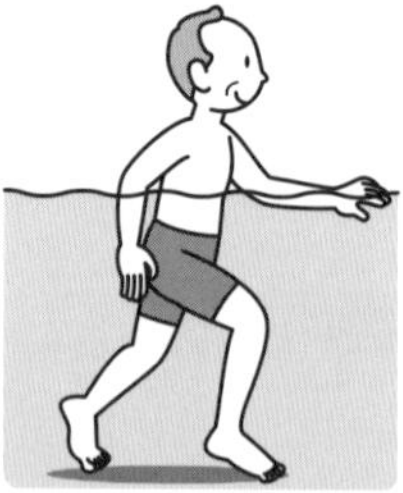

姿勢の矯正

正しい立位姿勢

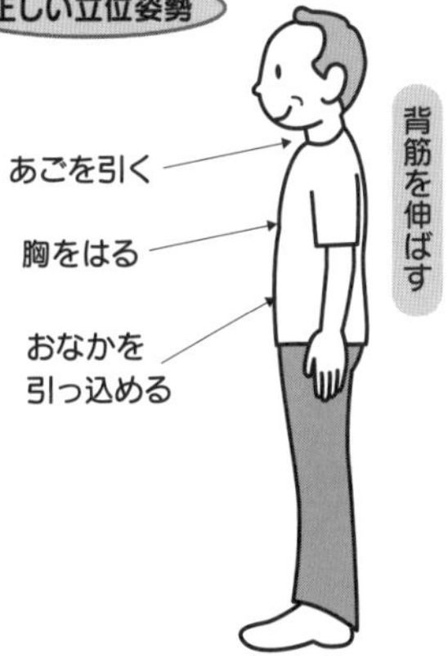

正しい座る姿勢

背筋を伸ばして
おしりを密着させる

正しい寝る姿勢

ひざを立てたり、足を持ち上げたりする。
横になるときはひざと股関節を曲げる。

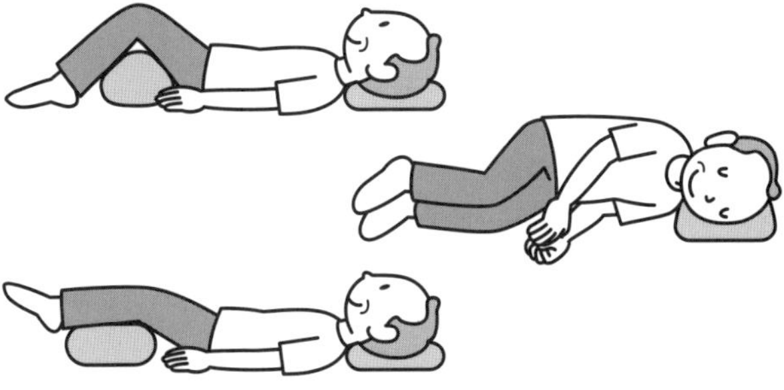

III ⑥ 関節リウマチ

どんな症状？

リハビリ体操⇨ P74 P86

主に滑膜（関節の内側）に炎症が起きて、腫れや痛み、こわばりなどの症状があり、やがて関節に変形をきたす病気です。強い痛み（じっとしていても痛い）、また、左右両側の関節に現れる（対称性）ことも特徴です。もっとも起きやすいのが、手首や手足の指の関節です。

朝のこわばり
痛み·腫れ
歩行しずらい

痛みの起きやすい手、指の関節

※よく似た病気に変形性関節症（P98参照）がありますが、この場合は関節を動かしたときに痛みが出やすい。

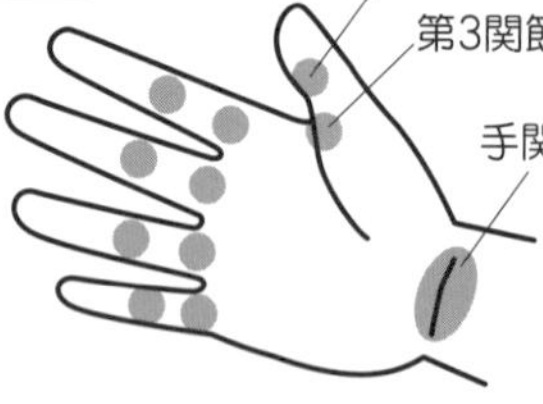

関節リウマチとは

関節リウマチは、自己免疫疾患のひとつで、関節液をつくる滑膜がさまざまな破壊物質を産生し、自分の軟骨や骨を破壊していきます。全身病なので、貧血症状や、倦怠感、微熱などを伴って、症状が悪化します。最近では良い薬が開発されており、早期に治療すれば関節の変形を未然に防ぐことができます。変形が進んだ場合は人工関節の手術などを行なうこともあります。

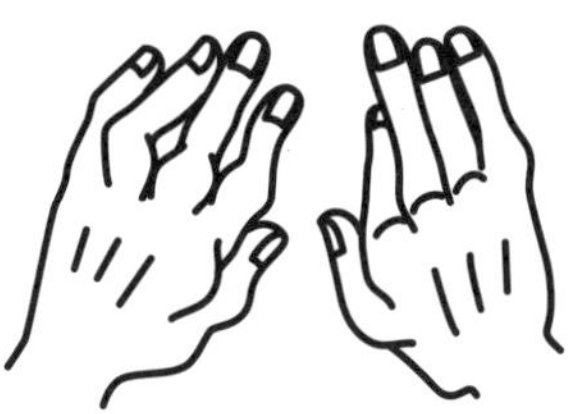

関節リウマチの手の変形

関節リウマチの足の変形

リウマチのリハビリ

炎症が強いときは薬による痛みのコントロールや局所の安静で、炎症が落ち着けば関節の運動や筋力増強訓練などを行ないます。その際にはホットパックなどの温熱療法を併用します。また、歩行訓練や日常生活のための訓練も行ないます。

III ⑦ 認知症

どんな症状？

リハビリ体操⇨ P80 P86

症状は人それぞれの現れ方が異なります。大きく「中核症状」と「周辺症状」に分けることができます。

主な認知症

●アルツハイマー型認知症… 脳の神経細胞が減って脳が小さく萎縮してしまう。
●脳血管性認知症… 脳の血管が詰まったり破れたりして、部分的に脳の働きが悪くなる
●その他の認知症…レビー小体型認知症　など

認知症のリハビリ

認知症の要介護者に対して回想法、作業療法、運動療法、音楽療法などのリハビリ療法があり、周辺症状が軽減され、表情も明るくなるということが知られています。

認知症の症状とケアのポイント

家族や介護者の悩みで多いのが、妄想、無目的に歩き回る、攻撃的になるといった行動・心理症状（BPSD：周辺症状）です。気持ちを理解して受容し、適切に対応するようにしましょう。
早期にリハビリを始めると　進行を抑制したり遅くしたりすることが期待できます。

周辺症状

性格や素質、環境、人間関係など多様な要因に関連して起こる症状です。

- 作話　●幻視　●幻覚　●妄想
- 徘徊　●昼夜逆転　●暴言　●怒りやすい
- 暴力　●介護抵抗　●不潔行為
- 異食行動　など

異食行動

幻覚

徘徊

妄想

中核症状

脳の細胞が壊れることが原因で起こる症状です。

- 記憶障害　●見当識障害　●失認·失語　●実行機能障害
- 理解力や判断能力の低下　●感情表現の変化　など

失認

見当識障害

III ⑧ パーキンソン病

どんな症状？

リハビリ体操⇨ P79 P80

パーキンソン病は脳の中でドパミン（神経伝達物質の1つ）が減少することによって起きる病気で動作の緩慢、歩行が小股になる、安静時に力を抜いているときの手足の震えといった、運動の障害を主に呈する病気です。

特徴的な症状

❶ **手足の震え（安静時振戦）**… 初発症状

❷ **緩慢な動作**…………………… 緩慢な動作で始まることもよくある

❸ **筋固縮（きんこしゅく）**……………… 手足の筋肉の緊張の高まる。

❹ **姿勢反射障害**…………………… 進行すると体の立ち直りのバランス悪くなり転倒しやすくなる。

❺ **自律神経症状**…………………… 便秘や起立時の血圧調節障害（起立低血圧）によるふらつき。

❻ **精神症状**……………………… 虫や小動物などが見える幻視。

優しく手を差し伸べて

パーキンソン病のリハビリ

関節可動域の維持と拡大

体の柔軟性を保つため、立位または坐位にて体をゆっくり前後に曲げたり伸ばしたり、体をゆっくり左右にひねったりする。

姿勢矯正訓練

背伸ばしの姿勢や腹ばいの姿勢を取ることにより、前かがみの姿勢を改善させる。

基本動作訓練

あおむけに寝た姿勢での骨盤ひねり、寝返り動作や臥位からの坐位、坐位から立位への移行動作などの基本動作訓練を行なう。

平衡訓練

四つんばい、坐位、立位でのバランス訓練を行なう。

歩行訓練

歩き始めの最初の一歩が出ないので、歩行開始時に“イチ、ニ、イチ、ニ”と声を出すようにして、リズムを付けながら足踏みをする。

パーキンソン病の日常生活

- 閉じこもらないようにする。
- 生活空間を広げる。
- コミュニケーションを取る。
- 速やかに介護支援を受ける。

III ⑨ 拘縮

どんな症状？

リハビリ体操⇨ P82 P84

拘縮とは体を長い間動かさないでいると筋肉や関節が萎縮して固まり、動かなくなってしまう症状のことです。寝たきりや脳卒中、骨折などで動かない場合などに起こりやすいといわれます。関節が完全に（関節可動域100％まで）は曲がらないあるいは完全には伸びきらない状態をいいます。

正常な可動域（側屈）

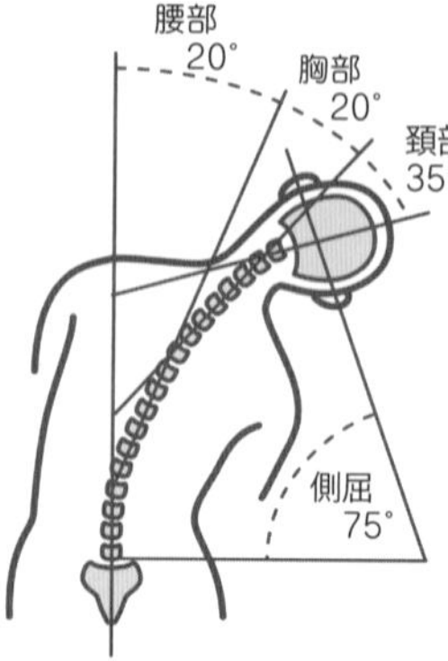

拘縮の原因

上記の原因以外に、変形性関節症、慢性関節リウマチ、感染など関節に何らかの炎症が生じて痛みにより関節を動かさなくなるために起こる場合もあります。

予防と治療

拘縮があると食事・着替え・排せつなどの日常生活動作に支障をきたします。拘縮が起こらないように予防する運動を毎日行なうことが大切です。痛みを伴うため長続きは難しいのですが、本人に自覚を持ってもらうこと、家族もいっしょに方法を学んで適切な手助けをし、心身両面から支えることが大切です。

ストレッチのポイント

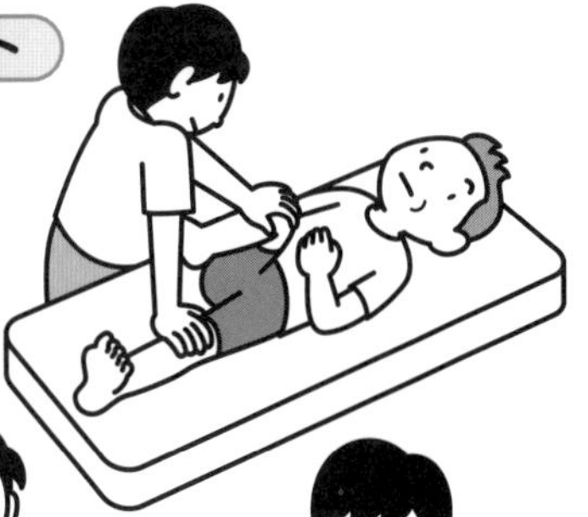

ゆっくりと力を加えて関節の動く範囲を大きくしていくストレッチで改善できます。（各関節を3～5回、1日に2回程度動かす）

❶温めてから動かす
❷リラックスした状態で行なう
❸ゆっくり動かす

関節拘縮

関節拘縮とは関節の可動域が減少した状態をいいます。早期から理学療法士による関節可動域運動を行ないます。

正しいハンドロールの握り方

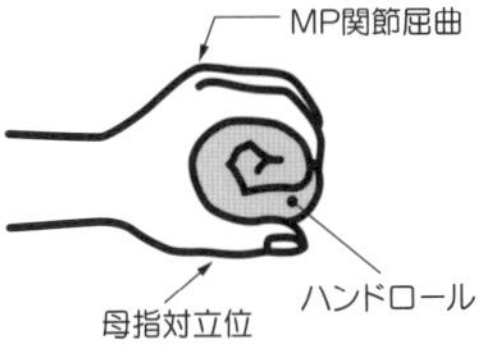

誤ったハンドロールの握り方

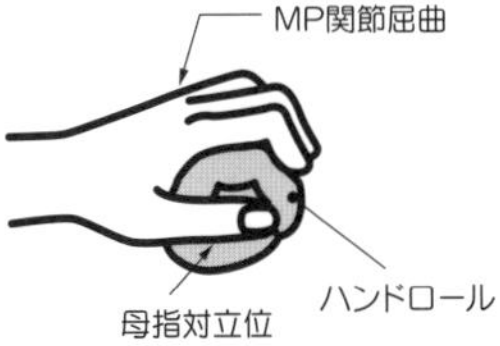

MP関節（中手骨と基節骨の間の関節）拘縮予防のためのハンドロール

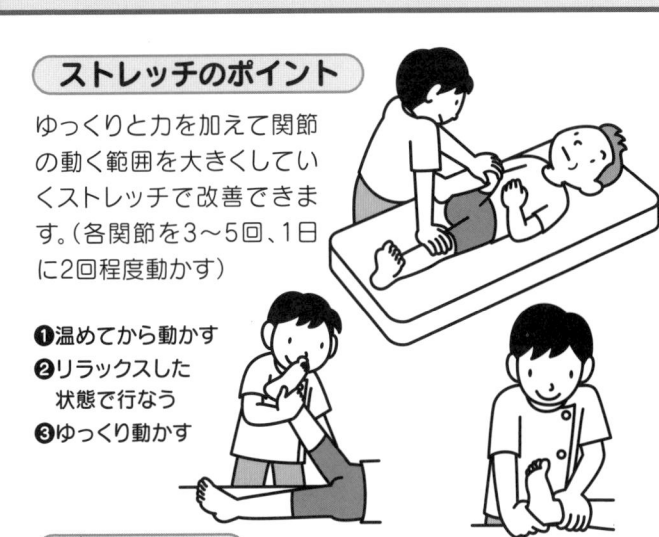

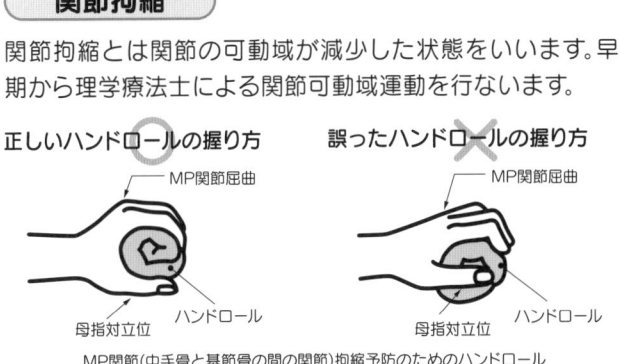

III ⑩ 排尿障害

どんな症状？

リハビリ体操⇨ P60 P61 P63

- 尿意がわからない（自分の意思に関係なく尿が漏れてしまう）。
- 尿が出にくい。
- 頻繁にトイレに通う。
- がまんができずにどこでも排尿してしまう。
- せきやくしゃみで尿が漏れる　　など。

排尿障害とは

尿をためることの障害
↓
尿失禁

尿を出すことの障害
↓
尿排出障害

尿排出障害

膀胱収縮障害（低活動膀胱）

糖尿病性末梢神経障害、椎間板ヘルニア、腰部脊椎管狭窄症、骨盤内臓器手術（直腸癌、子宮癌）など

尿道通過障害

前立腺肥大症、前立腺癌、尿道狭窄、膀胱頚部硬化症など

骨盤底筋体操のポイント

骨盤の中にある臓器を支えている筋肉を骨盤底筋群といいます。おしりの筋肉（大殿筋）と同時に肛門を締める筋肉を使い、外尿道活約筋も収縮させることができます。骨盤底筋群を強化しながら、外尿道活約筋をしっかりさせていくことが必要です。

尿失禁のタイプ

●蓄尿障害によるもの

※　　は原因となる病気

切迫性尿失禁

蓄尿時に膀胱がかってに収縮し、
がまんできずに漏れる。

尿路感染・過活動膀胱

脳血管障害、パーキンソン病、脳脊髄疾患など

腹圧性尿失禁

尿道の抵抗が低下してくしゃみ、重い物を
持つときなどに腹圧がかかると漏れる。

尿道括約筋障害

内因性括約筋不全、前立腺手術など

骨盤底弛緩

便秘、肥満など

機能性尿失禁

尿道機能に関係なく、認知症や
ADL 低下により漏らす。

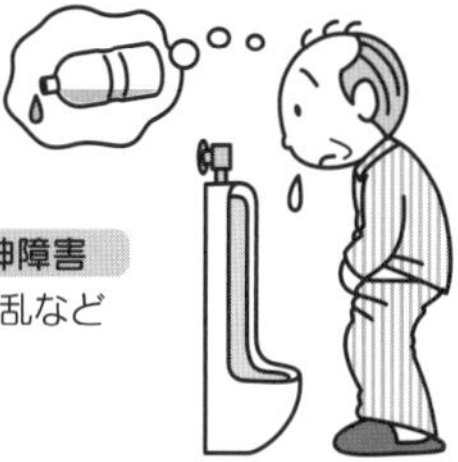

四肢運動障害

脳血管障害、脊髄疾患など

知能精神障害

認知症、錯乱など

●尿排出障害によるもの

溢流性尿失禁

多量の残尿があるため、尿が尿道よりあふれて、常にちょろちょろと
漏れる。

コラム

高齢者の活動性の評価JABC

障害高齢者の日常生活自立度（寝たきり度）判定基準と呼ばれています。

ランクJ	歩ける	1	交通機関を利用して外出できる。
		2	隣近所になら外出できる。
ランクA	介助があれば歩ける	1	日中はほとんどベッドから離れて生活できる。
		2	日中も寝たり起きたりの生活をしている。
ランクB	寝たきり（座位はできる）	1	車イスに移乗し、食事や排せつはベッドから離れてできる。
		2	介助によって車イスに移乗できる。
ランクC	寝たきり（終日）	1	自分で寝返りが打てる。
		2	自力では寝返りも打てない。

Ⅳ
介護リハに役立つ！
高齢者リハビリの基本

介護職は、介護の現場で医師（主治医）や看護師、保健師、理学療法士、作業療法士、言語聴覚士、管理栄養士、臨床心理士、医療ソーシャルワーカーなどと連携することが求められます。リハビリの基本をはじめ、主な療法や治療など、幅広い知識を身につけることがよりよい介助の実践につながります。

Ⅳ ①高齢者のリハビリ・リハビリの治療と経過

高齢者のリハビリ

高齢者特有の特性を理解し、リハビリを行なう必要があります。身体的・精神的な機能の回復を図って、できる限り自立する能力を取り戻すことを目ざします。

- ■運動器機能の低下
- ■学習が困難
- ■注意・集中力の持続が困難
- ■安全管理ができない

↓

転倒しやすい・介護量が増える
移動や行動の範囲が制限される

リハビリの目標と対策

目　標

転倒予防・介護量の軽減

↓

QOLの向上

対　策

日常生活の改善・生活リハ
個別・集団リハ

脳卒中・骨折・肺炎などの罹患後のリハビリの経過

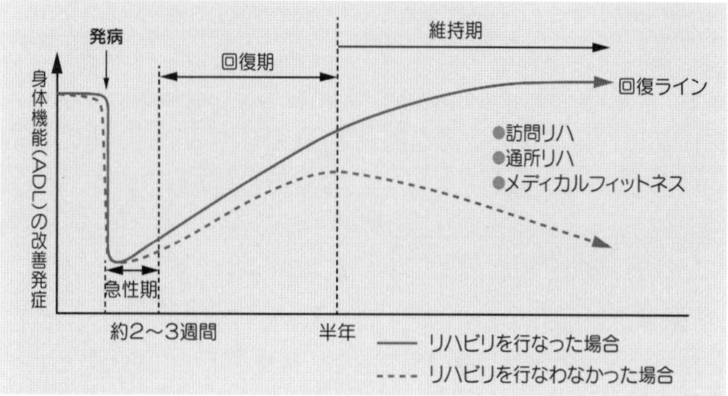

●急性期リハ

発症してから1〜2週間ぐらいまでの時期のリハで、廃用症候群（P89参照）を予防することが重要となります。体位変換や良肢位保持（手足を正しい位置に保つ）や関節可動域訓練（関節を動かす）言語訓練などを行ないます。

●回復期リハ

症状がある程度安定してきた時期のリハで、日常生活（食事・会話・衣服の着脱・歩行など）にできるだけ必要な機能を回復することが重要（ADLの向上）となり、後遺症や障害の程度がはっきりしてきます。歩行訓練や作業療法（P116参照）、失語症リハ（P51参照）を行ないます。

●維持期リハ

回復した機能が衰えないよう維持するためのリハで、生活することがそれ自体リハビリになります。在宅で難しい場合は施設で行ないます。

リハビリの種類と主な療法

訪問リハビリ

居宅要介護者の居宅で行なわれる、心身機能の維持回復、日常生活の自立支援のための療法などのリハビリです。

通所リハビリ

居宅要介護者が介護老人保健施設、病院、診療所などの施設へ通所して、訪問リハビリと同様の目的で行なうリハビリです。

主な療法

作業療法　OT(Occupational Therapy)

日常生活での動作や手芸や園芸などの作業を通じて、失った心身の機能や社会適応能力を回復していくための治療や訓練です。「意欲」や「主体性」を取り戻すきっかけづくりをサポートします。作業療法士(P117参照)が行ないます。

理学療法　PT(Physical Therapy)

けがや病気などによって、一時的あるいは長期にわたって心身に機能異常や低下、障害などが生じた際に行なう治療や訓練です。主に基本的な日常動作能力の回復を図り、失われた能力を補います。理学療法士(P117参照)が行ないます。

言語聴覚療法　ST(Speech Therapy)

言葉に関連する働き(聴く、話す、読む、書く)を改善することを目的として行なう治療や訓練です。言葉によるコミュニケーション障害を把握した上で、必要に応じて訓練、指導、助言、そのほかの援助を行ないます。言語聴覚士(P117参照)が行ないます。

リハビリ支援の専門職いろいろ

理学療法士(PT)

生活行為(食事、排せつ、更衣、入浴など)の基本となる起き上がりや、座る、立つ、歩くなどの動作能力の評価と向上・回復の方法について支援・助言する。

作業療法士(OT)

要介護者の生活環境を整え、自助具の使用などの指導によって、生活していく上の行為を支援する。また、その人に合ったQOL の向上を目ざす。

言語聴覚士(ST)

コミュニケーションが難しい人や、摂食・嚥下機能(飲み込み)に障害がある人に、話す、聞く、表現する、食べるなど生活に必要な機能改善や方法を支援する。

医　師

病気の診療や治療、予防・相談、検査を行なう。血圧・心疾患などの基礎疾患のリスクを管理し、リハビリを行なう上での助言や指導をする。

看護師

医師の指示のもとで、健康増進や疾病の予防、身体的ケアを行なう。安全・自立を目ざして直接看護ケアを提供し、介護の実践において協働する。

管理栄養士

食についての専門的な知識で健康維持を支援する。献立の作成やその人にあった調理指導、栄養バランスに配慮した食を提供する。

歯科医師・歯科栄養士

高齢者の虫歯治療や口腔ケアなどで口腔機能の維持・向上をサポートする。

Ⅳ ③福祉用具いろいろ・介護のしやすい住まい環境

福祉用具いろいろ

高齢者が生活しづらくなったときに役立つ道具・用具が福祉用具です。適切なものを選ぶ目をもつことが大切です。

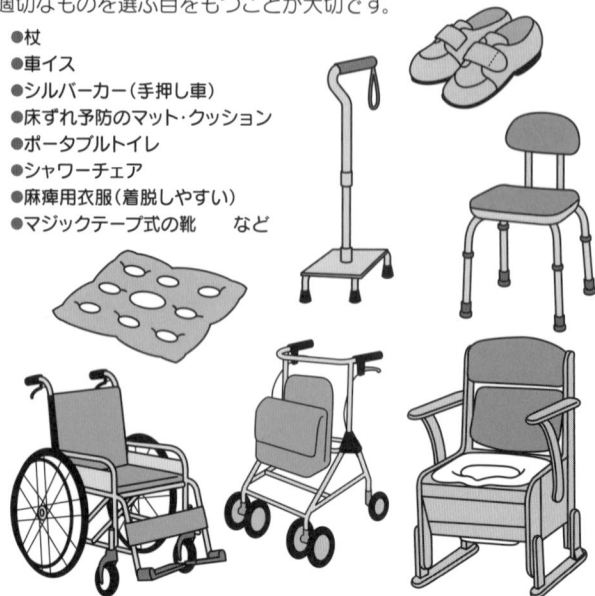

- 杖
- 車イス
- シルバーカー（手押し車）
- 床ずれ予防のマット・クッション
- ポータブルトイレ
- シャワーチェア
- 麻痺用衣服（着脱しやすい）
- マジックテープ式の靴　　など

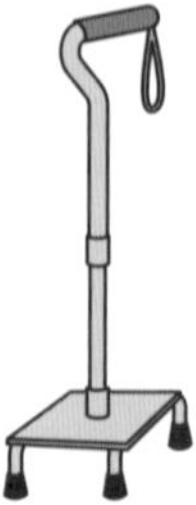
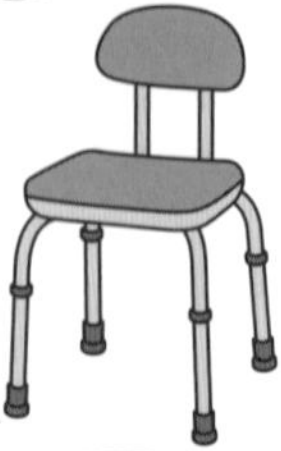
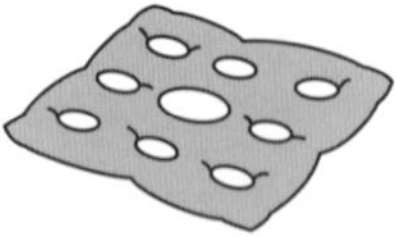

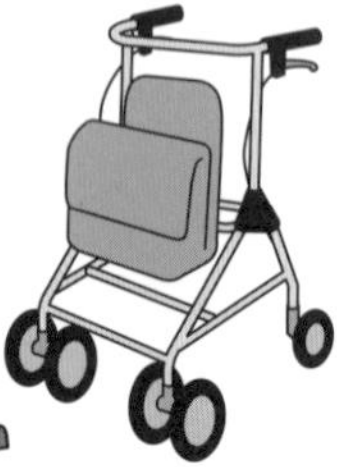

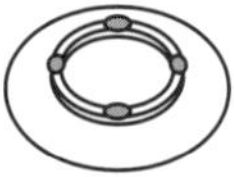

自助具
- はしやスプーン（口に運びやすい）
- 食器（滑りにくく持ちやすい）
- 包丁（料理がしやすい）など

自立した生活をしやすい住まいの環境

リハビリの目的は「人生の質」の向上を図ることです。在宅生活を送る被介護者は身体を治す、福祉サービス、介護、介護指導などを受ける方法以外に、住宅改修・福祉用具の導入など住環境整備をすることで自立を促すことができます。

●廊下や壁、階段、玄関の上がり框《かまち》などには手すりを設置する。

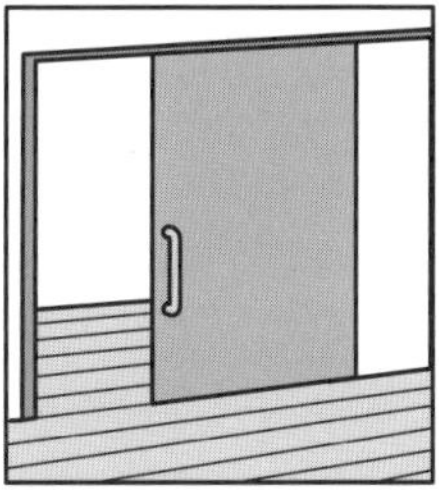

●1cmぐらいの小さな段差に気づきにくいため段差をなくす。
(バリアフリー)

●立ち上がりの難しい人にはイスやトイレは高めのものを選ぶ。
和式を洋式に。補高便座を使う。

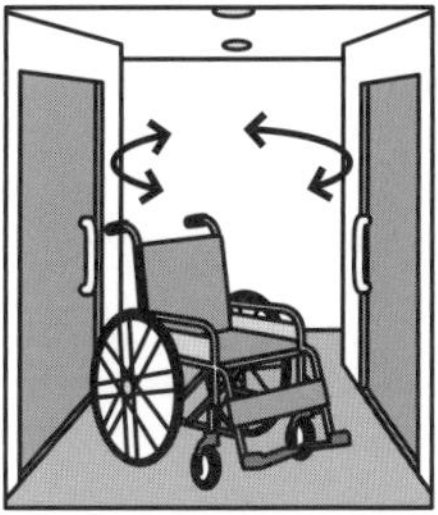

●車イスの通行や回転スペースを確保する。

Ⅳ ④人の自然な姿勢と動き

高齢者特有の特性を理解し、リハビリを行なう必要があります。身体的・精神的な機能の回復を図って、できる限り自立する能力を取り戻すことを目ざします。

重力と姿勢

重力の影響を念頭に置き、重心、支持基底面、圧中心点を理解して介護に役に立てましょう。例えば、立位保持は圧中心点が支持基底面の中にあるためです。

❶重心…人の重心は骨盤の位置。

❷支持基底面…立位の場合は両足で囲まれた面。

❸圧中心点…重心の真下の位置。

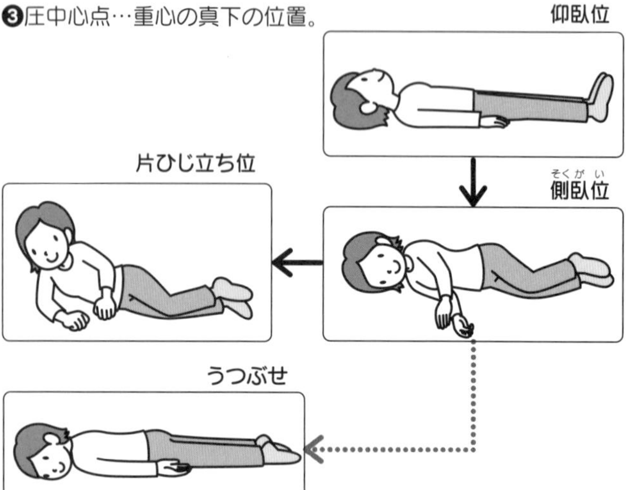

立位
座位（端座位）
高い四つばい
ひざ立ち位
腹ばい
坐位（長座位《ちょうざい》）
歩行
ひざ立ち移動
はって移動
坐位移動
赤ちゃんの姿勢と動き

Ⅳ ⑤人体図(各部位・内臓)

各部位の名称

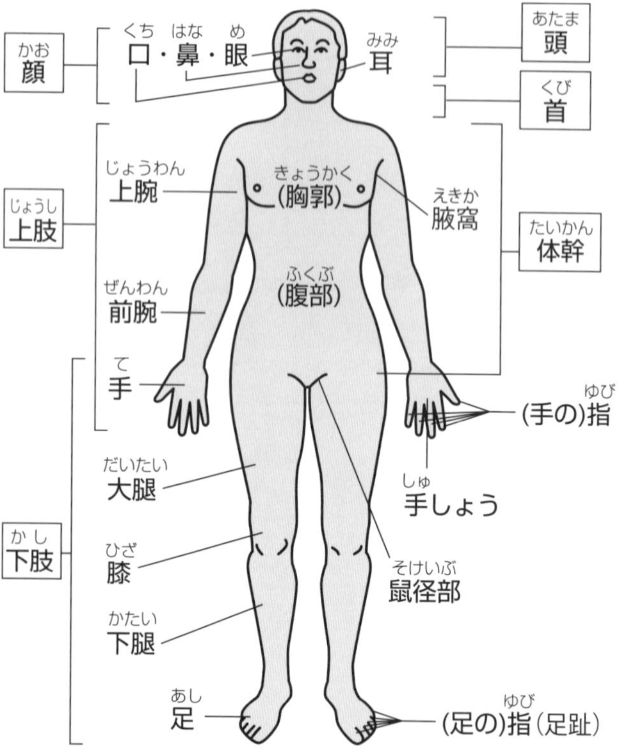

内臓の名称

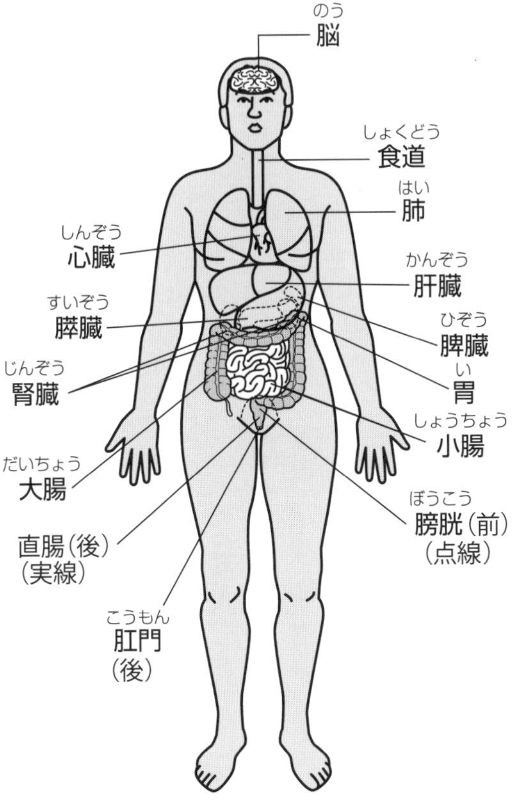
脳《のう》
食道《しょくどう》
肺《はい》
心臓《しんぞう》
肝臓《かんぞう》
膵臓《すいぞう》
脾臓《ひぞう》
腎臓《じんぞう》
胃《い》
小腸《しょうちょう》
大腸《だいちょう》
膀胱《ぼうこう》（前）
（点線）
直腸（後）
（実線）
肛門《こうもん》
（後）

Ⅳ ⑥人体図(筋肉・骨格筋)

筋肉の名称

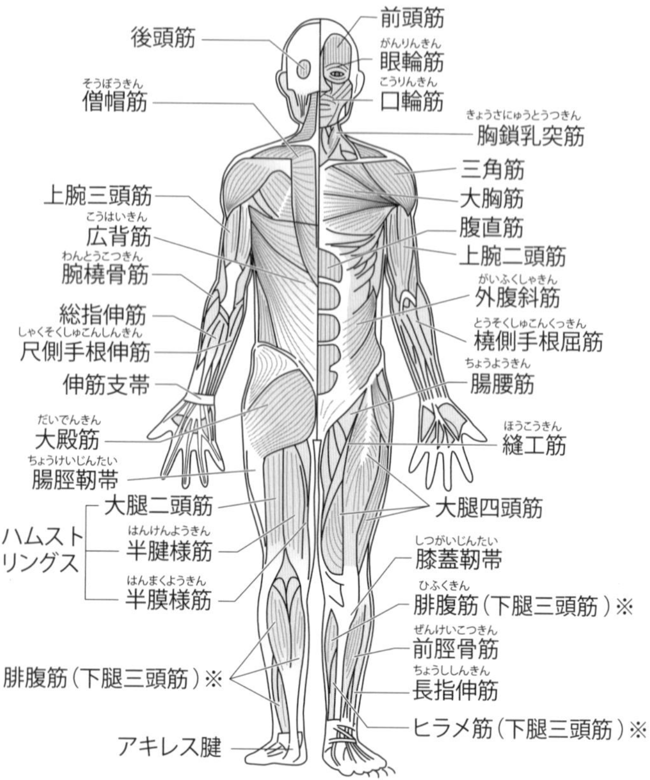

後頭筋
僧帽筋《そうぼうきん》
上腕三頭筋
広背筋《こうはいきん》
腕橈骨筋《わんとうこつきん》
総指伸筋
尺側手根伸筋《しゃくそくしゅこんしんきん》
伸筋支帯
大殿筋《だいでんきん》
腸脛靭帯《ちょうけいじんたい》
ハムストリングス
大腿二頭筋
半腱様筋《はんけんようきん》
半膜様筋《はんまくようきん》
腓腹筋(下腿三頭筋)※
アキレス腱
前頭筋
眼輪筋《がんりんきん》
口輪筋《こうりんきん》
胸鎖乳突筋《きょうさにゅうとつきん》
三角筋
大胸筋
腹直筋
上腕二頭筋
外腹斜筋《がいふくしゃきん》
橈側手根屈筋《とうそくしゅこんくっきん》
腸腰筋《ちょうようきん》
縫工筋《ほうこうきん》
大腿四頭筋
膝蓋靭帯《しつがいじんたい》
腓腹筋《ひふくきん》(下腿三頭筋)※
前脛骨筋《ぜんけいこつきん》
長指伸筋《ちょうししんきん》
ヒラメ筋(下腿三頭筋)※

※腓腹筋とヒラメ筋を下腿三頭筋と呼ぶ 。

骨格筋の詳細

大胸筋

胸の前部左右にある扇形の筋肉です。上腕骨に付いて上腕の運動や呼吸運動に大切な役割をします。

三角筋

肩の辺りにある筋肉のことで、腕を動かすのに必要な筋肉です。

僧帽筋

首・肩から背中の上部にかけて広がる筋肉です。肩こりと深くかかわっています。

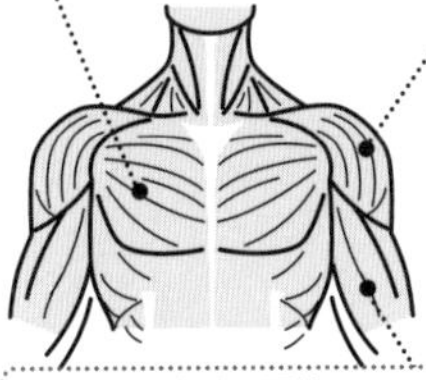

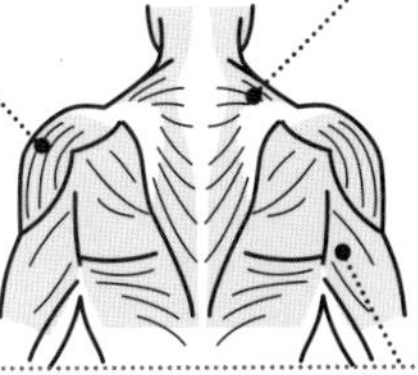

上腕二頭筋

腕を曲げたときによく浮き出る筋肉です。通称力こぶと呼ばれています。

上腕三頭筋

肩関節と肘関節を繋ぐ筋肉です。一般的に二の腕といわれます。

腸腰筋《ちょうようきん》

股関節を前に曲げる筋肉（歩くときにももを持ち上げます）

大腿四頭筋《だいたいしとうきん》

膝関節を伸ばす筋肉（歩く時にひざ下を前に振り出します）

前脛骨筋《ぜんけいこつきん》

足関節を曲げる筋肉（足が着くときにつま先を上げます）

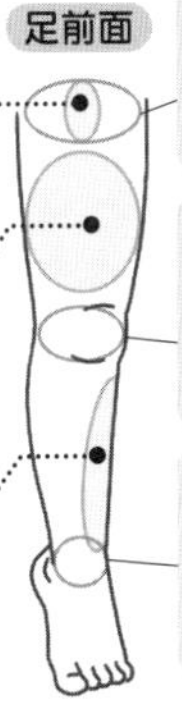

股関節《こかんせつ》

胴体とももをつなぎ、ももを前後左右上下に動かします

膝関節《ひざかんせつ》

ももとひざ下をつなぎ、ひざを曲げ伸ばしします

足関節《そくかんせつ》

ひざ下と足をつなぎ、足（足首）を曲げ伸ばしします

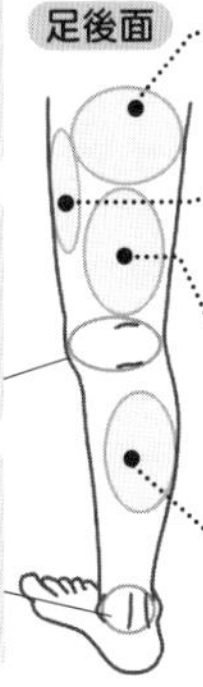

大殿筋《だいでんきん》

股関節を後ろに曲げる筋肉（歩くときにももを後ろに引き上げます）

中殿筋《ちゅうでんきん》

股関節を横に開く筋肉（立った姿勢を安定させます）

大腿二頭筋《だいたいにとうきん》

膝関節を曲げる筋肉（歩く時にひざ下を持ち上げます）

下腿三頭筋《かたいさんとうきん》

足関節を伸ばす筋肉（歩く時に足を前にけり出します）

⑦人体図(骨と関節・骨格)

骨と関節の名称

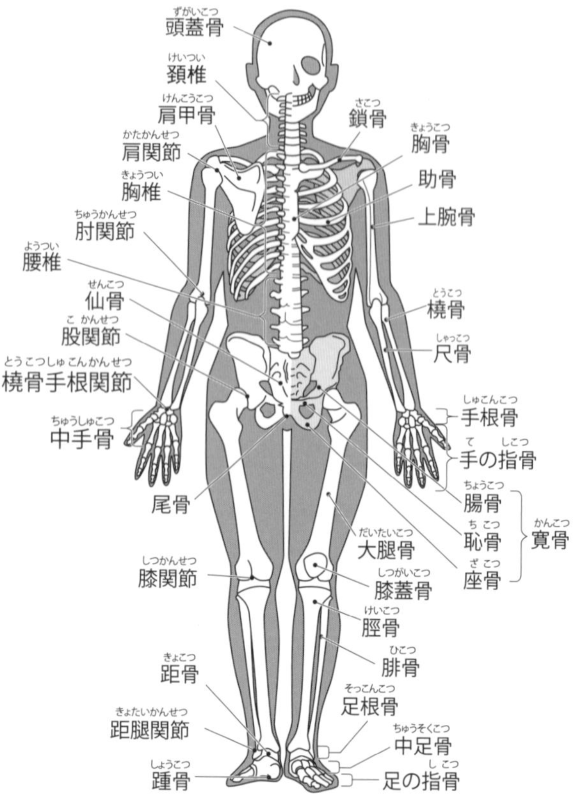
頭蓋骨《ずがいこつ》
頚椎《けいつい》
肩甲骨《けんこうこつ》
肩関節《かたかんせつ》
胸椎《きょうつい》
肘関節《ちゅうかんせつ》
腰椎《ようつい》
仙骨《せんこつ》
股関節《こかんせつ》
橈骨手根関節《とうこつしゅこんかんせつ》
中手骨《ちゅうしゅこつ》
尾骨
膝関節《しつかんせつ》
距骨《きょこつ》
距腿関節《きょたいかんせつ》
踵骨《しょうこつ》
鎖骨《さこつ》
胸骨《きょうこつ》
助骨
上腕骨
橈骨《とうこつ》
尺骨《しゃっこつ》
手根骨《しゅこんこつ》
手《て》の指骨《しこつ》
腸骨《ちょうこつ》
恥骨《ちこつ》
座骨《ざこつ》
寛骨《かんこつ》
大腿骨《だいたいこつ》
膝蓋骨《しつがいこつ》
脛骨《けいこつ》
腓骨《ひこつ》
足根骨《そっこんこつ》
中足骨《ちゅうそくこつ》
足の指骨《しこつ》

骨格の詳細

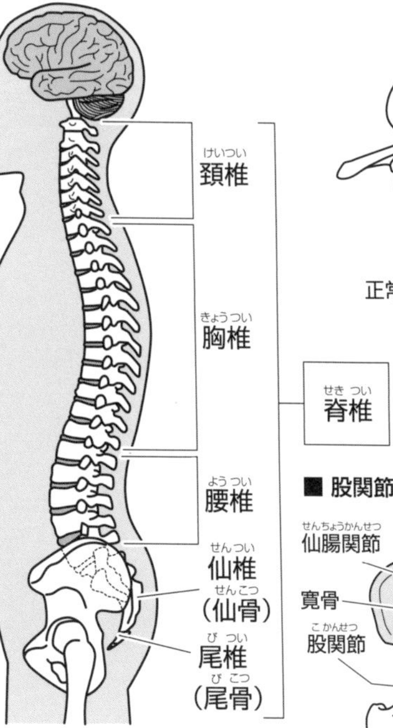

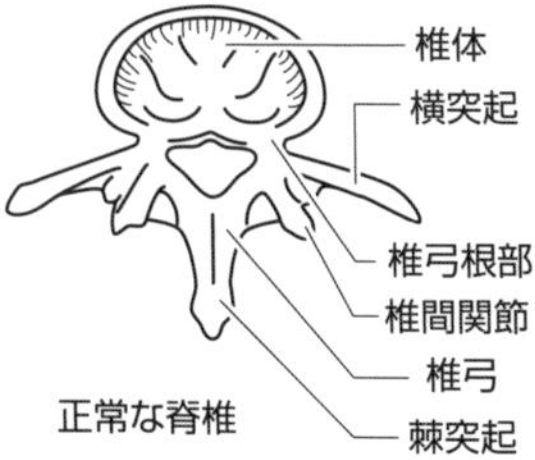

正常な脊椎

■ 股関節･仙腸関節

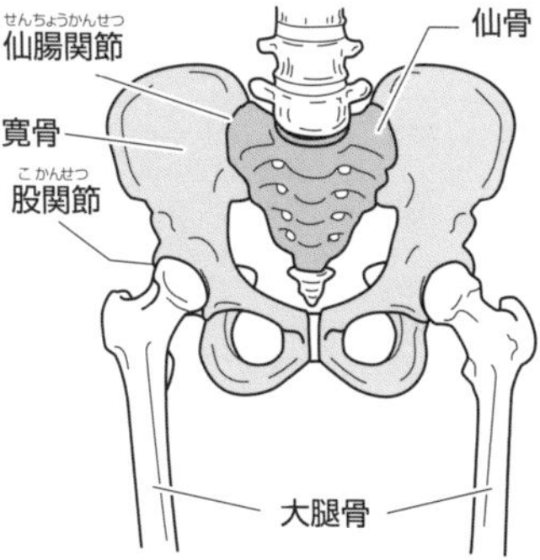

監修：堀　清記
兵庫医科大学名誉教授・元姫路獨協大学教授。京都大学医学部卒・医学博士
日本体力医学会評議員

監修：堀　和子
社会医療法人医真会 介護老人保健施設あおぞら施設長・元兵庫医科大学教授。
京都大学医学部卒・医学博士・日本体力医学会評議員

協力：社会医療法人医真会　介護老人保健施設あおぞら
通所リハビリテーション部・訪問リハビリテーション部

編著：前田　万亀子
高齢者サポートネットワーク「CSねっと企画」所属。ライター・コーディネーター

スタッフ
表紙装丁／曽我部 尚之（E-FLAT）
表紙・本文イラスト／おかじ 伸　本文イラスト／藤本 知佳子／角田 正己（イラストレーション・ぷぅ）
編集協力　本文デザイン・レイアウト／森高 はるよ（アド・コック）
企画編集／安藤憲志　校正／堀田浩之

安心介護ハンドブック⑫
リハビリ体操ネタ帳

2013年4月　初版発行　　2023年7月　第8版発行

監修　堀　清記・堀　和子
編著　前田　万亀子

発行人 岡本　功
発行所 ひかりのくに株式会社

〒543-0001　大阪市天王寺区上本町3-2-14
郵便振替00920-2-118855　TEL06-6768-1155
〒175-0082　東京都板橋区高島平6-1-1
郵便振替00150-0-30666 TEL03-3979-3112
URL https://www.hikarinokuni.co.jp
印刷所　図書印刷株式会社

ISBN 978-4-564-43122-7
C3036　NDC369.17　128P 15×11㎝
Printed in Japan